Ils ont apprécié *Écrire vers la plénitude* de Susan Tiberghien

### Maureen Murdock

Dans *Écrire vers la plénitude*, Tiberghien permet au lecteur d'accéder aux pensées profondes de Jung alors que, dans ses journaux, il dialoguait avec son âme. Elle nous encourage à faire de même, à approfondir la relation avec notre âme en suivant l'image que celle-ci nous propose. De la sorte, tenir son journal devient une pratique spirituelle. Faisant appel aux écrits de mystiques tels que Hildegarde de Bingen, Etty Hillesum, Thomas Merton et Annie Dillard, Tiberghien nous montre comment écrire vers la plénitude alors que nous nous engageons dans ces "plages de silence de l'esprit". Un livre profondément enrichissant et stimulant.
– Maureen Murdock, Ph.D., auteure de *The Heroine's Journey: Women's Quest for Wholeness*

### Wallis Wilde-Menozzi

Dans son livre *Écrire vers la plénitude*, Susan Tiberghien distille une vie entière de prière et d'attention. Se basant sur le parcours de Carl Jung, qu'il dévoile surtout dans le *Livre Rouge*, elle retrace les possibilités, que chacun de nous possède, d'avoir une existence plus complète et plus consciente. Enseignante douée, elle montre à quel point les énergies créatives sont à notre portée et comment la pratique de l'écriture peut amener la croissance spirituelle.
– Wallis Wilde-Menozzi, poète et auteure de *Mother Tongue - An American Life in Italy*

### James Hollis

La conversation la plus intéressante que nous ayons jamais eue pourrait se révéler être celle qui se déroule au plus profond de nous-mêmes. Loin d'un repli sur soi narcissique, ce dialogue permet à quelque chose en nous de répondre, de nous parler et, grâce à cette conversation qui se déploie, nous commençons à découvrir, à impliquer et à assimiler des parties inconnues de nous-mêmes. En tant qu'appel à une plus grande plénitude, *Écrire vers la plénitude* fournit des exemples de la façon dont C. G. Jung

et d'autres auteurs ont approfondi leur voyage, et de nombreuses questions et exercices qui suscitent et stimulent notre propre conversation avec l'âme.
– James Hollis, Ph.D., analyste jungien à Washington D.C. et auteur de nombreux livres.

**Paul Pearson**

Dans son livre *Écrire vers la plénitude*, Susan Tiberghien nous invite à faire l'expérience de ce que Thomas Merton appelait la "plénitude cachée", le "terrain d'amour caché", au plus profond de nous-mêmes. Elle nous invite à prendre la plume et à tenir un journal, et nous guide, chapitre après chapitre, afin de créer notre propre chemin vers notre véritable soi.
– Paul M. Pearson, Ph.D., Directeur du Centre Thomas Merton

**Kristina Schellinki**

*Écrire vers la plénitude* invite à la rencontre avec le soi. Susan Tiberghien ne se contente pas de montrer au lecteur un chemin vers l'unicité à la lumière de la création ; elle crée un tel chemin par son écriture. Ceux qui cherchent leur propre chemin vers la plénitude peuvent lire ces pages ; ils y trouveront des étincelles d'inspiration dans les textes anciens et modernes ainsi que dans l'expérience de Susan en matière d'enseignement international, qui a conduit d'innombrables participants à ses ateliers à devenir des auteurs confirmés. Susan aime, crée et vit à travers l'écriture. Comme Carl Gustav Jung et Thomas Merton, elle a trouvé la plénitude ; ainsi la trouvera le lecteur, inspiré par son écriture. C'est le "chemin d'une vie".
– Kristina Schellinski, analyste jungienne, Genève, Suisse

**Robert Hinshaw**

Dans cet ouvrage de réflexion sur les vertus de l'écriture, Susan Tiberghien stimule le lecteur avec des extraits de Jung, de maîtres Zen, et de sa propre et longue expérience de vie. *Écrire vers la plénitude* est un voyage qu'accompagnent de riches illustrations provenant du *Livre Rouge* de Jung et d'autres sources d'inspiration, ainsi que d'utiles exercices. En écrivant nos rêves, nos visions et nos imaginations, nous devançons et honorons notre destinée.
– Robert Hinshaw, Ph.D., professeur à l'Institut C. G. Jung de Zurich, éditeur chez Daimon Verlag

# ÉCRIRE VERS LA PLÉNITUDE
## Leçons inspirées par C. G. Jung

### Susan M. Tiberghien

Traduit de l'anglais par Christian Raguet

CHIRON PUBLICATIONS • ASHEVILLE, NORTH CAROLINA

© 2018 by Chiron Publications. Tous droits réservés
Version française © 2020

Photo de couverture de Susan Tiberghien : Chapelle des Macchabées, Cathédrale Saint-Pierre, Genève, Suisse.

Design intérieur et couverture par Danijela Mijailovic

Titre original : Writing Towards Wholeness

ISBN 978-1-63051-891-2 paperback
ISBN 978-1-63051-892-9 hardcover
ISBN 978-1-63051-893-6 electronic
ISBN 978-1-63051-894-3 limited edition paperback

*Table*

Illustrations — 5
Remerciements — 7
Préface — 9
Introduction — 13
   1. Tenir votre propre Livre Rouge : écrire à l'âme — 15
   2. Poursuivre les images : l'imagination active — 37
   3. Explorer les rêves : écouter et écrire — 61
   4. Composer des métaphores : illuminer les vies — 85
   5. Voir la beauté par les mots : éveiller l'âme — 109
   6. Pratiquer l'alchimie : des ténèbres à la lumière — 133
   7. Apprendre le Zen : voir clairement, écrire clairement — 159
   8. Écrire vers la plénitude : cultiver le Soi — 187
Bibliographie — 219
Crédits — 223
Index — 227
L'auteure — 233

# Illustrations

*Le Livre Rouge*, C. G. Jung, Photo, Susan Tiberghien  17

Mon journal, Photo, Susan Tiberghien  26

Forsythia blanc en hiver, Photo, Susan Tiberghien  35

L'arbre se penche vers le sol, Dessin, Susan Tiberghien  50

*Mon âme vint à moi*, C. G. Jung, Image 107,
*Le Livre Rouge*  53

Fleur de cornouiller, Dessin, Journal, Susan Tiberghien  55

*La fenêtre sur l'éternité*, C. G. Jung, Image 159,
*Le Livre Rouge*  69

Grenouille verte de Chine, Photo, Susan Tiberghien  76

*Cultiver l'arbre cosmique*, Hildegarde de Bingen © Photo Scala, Florence*  93

Rhizome, Dessin, Journal, Susan Tiberghien  96

Fissure dans la cruche à eau, Photo, Susan Tiberghien  106

*La nuit tombe bleue*, C. G. Jung, Image 131, *Le Livre Rouge*  121

Labyrinthe de la Cathédrale de Chartres, Dessin  125

Le lierre à feuillage persistant, Photo, Susan Tiberghien  131

Les alchimistes à l'œuvre, manuscrit du XVIIIe siècle, *Motus Liber* 1702, Collection Mellon. **  137

*La pierre philosophale*, Image 121, *Le Livre Rouge*  147

Quintefeuille, Photo, Susan Tiberghien  154

Bouton d'or double, Photo, Susan Tiberghien  155

Maître et Disciple, La Voie de Tchouang Tseu,
The Mustard Seed Garden Manual, domaine public   161

Ginkgo en fleurs, Photo, Susan Tiberghien   170

Porte vers le lac, la Tour, Photo, Susan Tiberghien   176

*Systema munditotius*, C. G. Jung, *Le Livre Rouge*   195

La Tour, à Bollingen, Photo @cgjung.net   204

Sophia, Dessin, Thomas Merton   209

Les images 107, 159, 131, 121 sont tirées du *Livre Rouge* de C. G. Jung

\* Codex Latinum 1942 c.38 r : Sainte Hildegarde et les Saisons. Lucca, Biblioteca Statale. 0 20 J 7. Photo Scala, Florence - gracieuseté du Ministero Beni e Att. Culturali e del Turismo.

\*\* De la collection générale, Beinecke Rare Books and Manuscript Library, Yale University.

## *Remerciements*

*Écrire vers la plénitude* est le fruit de plus de trente ans de lectures et de réflexions jungiennes. C'est un prêtre catholique jungien, Richard Frost, aujourd'hui décédé, qui a éveillé mon intérêt pour l'œuvre de C. G. Jung dans les années 1980, ici, à Genève. Deux amies, Christina Ekeus-Oldfelt et Kristina Schellinski, m'ont incitée à m'y plonger plus profondément. J'ai entrepris une analyse avec Keller, un analyste suisse, que je remercie pour nos années passées ensemble.

Mon cheminement jungien s'est poursuivi, et je salue tous ceux qui m'ont encouragée au fil du temps. Je remercie tout spécialement Robert Hinshaw d'Einsiedeln, l'éditeur de mon premier livre, *Looking for Gold, A Year in Jungian Analysis*, en 1995. Viennent ensuite les nombreux jungiens qui m'ont invitée dans leurs différents institut et sociétés aux États-Unis et en Suisse. Ces ateliers et conférences ont préparé le terrain pour *Écrire vers la plénitude*. Sans le soutien de ces personnes et d'autres encore qui m'ont fait entendre des échos de la voix de Jung, il n'y aurait pas eu de livre.

Cela m'amène à tout ce que je dois aux écrivains qui ont été à mes côtés pendant toutes ces années. Je tiens à remercier tout particulièrement une amie écrivaine, Wallis Wilde-Menozzi, auteure et poétesse, qui pendant des années m'a donné de précieux conseils sur mon travail, y compris ce manuscrit. Je suis reconnaissante à toutes les personnes de l'*International Women's Writing Guild* et du *Geneva Writers' Group* qui m'ont accompagnée et encouragée dans ce voyage. Ensuite, il y a les nombreux auteurs que j'ai cités dans ce livre et dont je continue d'apprécier le travail. Je les remercie pour les courts extraits de leurs ouvrages inclus dans ces pages.

Ce sujet, *écrire vers la plénitude*, englobe non seulement les jungiens et les écrivains, mais aussi les guides spirituels. Je salue ici le moine trappiste Thomas Merton, la personne qui, avec C. G. Jung, a été un mentor pendant plus de cinquante ans. Son travail m'a aidé à voir « la plénitude cachée » de la création.

J'aimerais exprimer ma profonde gratitude à Chiron Publications et à ma rédactrice, Jennifer Fitzgerald, qui ont cru en ce livre et lui ont donné vie. C'est toujours un plaisir de travailler ensemble.

Pour cette édition en français, j'ajoute ma grande reconnaissance à Christian Raguet, qui a réussi à donner une traduction qui, tout en étant exacte et précise, reflète non seulement mes mots, mais aussi mes pensées, dans un français limpide.

Pour conclure, je remercie mon mari, Pierre-Yves – le Français dont je suis tombée amoureuse il y a soixante ans, à l'université de Grenoble –, qui m'écoute, lit mon travail et m'encourage avec ses questions et plus encore avec son amour. Je remercie également mes six enfants, leurs conjoints et mes quinze petits-enfants, qui me donnent espoir et confiance en l'avenir de notre monde.

## *Préface*
## *Murray Stein*

Tenir un journal est un moyen de garder trace du flux et du reflux de la conscience au fil du temps. La vie refuse de rester immobile, et notre mémoire des menus détails est lacunaire et évanescente. Quand vous jetez un regard en arrière sur de si nombreuses années, comme je le fais maintenant dans ma huitième décennie, la vue est au mieux impressionniste, avec quelques points saillants éparpillés ici et là dans un vaste paysage. Si vous tenez un journal, cependant, vous pouvez retrouver les plus infimes détails de vécus propres, qu'il s'agisse de rêves, de sentiments, de pensées ou de rencontres avec d'autres personnes. Ce livre, *Écrire vers la plénitude*, vous aidera à mieux suivre votre vie intérieure.

William James compare la conscience à un fleuve. En bords de rive, il se fond dans les profondeurs de l'inconnu et disparaît dans l'obscurité de l'inconscient. Si vous étudiez ces bords, vous trouverez de nombreuses surprises. Hermès vit à la frontière de la conscience. Les mystères demeurent là. Ce sont des trésors potentiels, mais seulement si vous les recueillez et les gardez. Dieu est dans les détails. Mettez-les par écrit !

L'auteure de ce beau livre, Susan Tiberghien, vous encourage non seulement à tenir un journal des événements et des activités quotidiennes, mais aussi à regarder attentivement la sombre lisière de la conscience et à noter ce que vous y verrez. Cela signifie qu'il faut prêter une attention scrupuleuse à ces sentiments inopinés et fugaces qui ressemblent à de la brume sur la rivière du matin, aux vagues associations que vous faites aux rencontres et aux impressions qui vous donnent de la joie ou des maux de ventre, et noter les coïncidences signifiantes qui surviennent en chemin, par surprise. En y repensant, cela vous en apprendra beaucoup sur votre constitution psychique et sur les subtiles nuances de votre vécu qui, combinées et conscientisées, apporteront un sens différent. L'auteure vous en donne des exemples inspirants.

L'écriture vous demande d'être attentif. C'est une discipline, et elle aiguise vos observations. En rentrant à la maison après une soirée, allez à votre bureau et notez si possible ce que vous avez vu, qui a dit quoi, qui était absent, la décoration des salles de réception, l'ambiance du salon et les gens qui s'y trouvaient, puis allez un peu plus loin et racontez ce que vous pensiez lors de vos contacts avec des amis ou des étrangers, ce que vous ressentiez, quels souvenirs vous remontaient à l'esprit, quelles coïncidences surprenantes vous avez remarquées entre ce que vous pensiez tranquillement et ce que les autres personnes disaient ou faisaient. Si vous voulez lire un brillant exemple de telles observations consignées sur papier, allez voir Marcel Proust. C'est le maître.

Il est à noter que lorsque C. G. Jung crie dans la nuit à son âme, « Où étais-tu pendant tout ce temps ? » au début de son journal de la quarantaine, *Le Livre Rouge*, il indique que onze ans se sont écoulés depuis son dernier contact avec « elle ». Le rédacteur en chef du *Livre Rouge* nous indique, dans une note de bas de page (Jung 1962, note 48, p. 153), que cela correspond à l'époque où Jung avait cessé d'écrire dans son journal, les *Cahiers noirs*. Dans un journal, le simple fait d'écrire garde l'âme à proximité, maintient une communication vivante et fluide entre la surface de la conscience et les profondeurs de la psyché. Écrire de cette façon particulière pourrait s'appeler l'écriture profonde.

C'est ce qui est préconisé dans le livre que vous ouvrez. L'auteure partage son expérience de l'écriture pour l'âme et

## Préface

explique concrètement la façon dont vous pouvez pratiquer cette discipline. Mène-t-elle vers la plénitude ? Oui. Et c'est parce que ce type d'écriture met en jeu les plus profonds niveaux de perception, laquelle se focalise sur les lisières de la conscience, regroupe les associations et les souvenirs, et tisse une structure de psyché qui inclut les matériaux conscients et inconscients. La personne s'approfondit et tend vers la plénitude inhérente qui y réside.

Le plus grand livre de Freud, *L'interprétation des rêves*, est un exemple de ce type d'écriture. La plupart des rêves qui y apparaissent sont les siens, et la méthode qu'il utilise pour les interpréter est la libre association. Prenez une image et associez à elle. Où cela mène-t-il ? Vous découvrez soudain quelque chose dont vous n'aviez eu précédemment que la vague intuition, quelque chose qui se trouvait à la lisière de la conscience. Si vous allez plus loin, elle vous révèlera quelque chose de vraiment dissimulé, loin de la vision que vous avez de vous-même au quotidien. C'est l'essence même de la psychanalyse. C'est une exploration en mots de la psyché.

N'importe qui peut tirer parti de la tenue d'un journal de son vécu, ses rêves, ses associations et ses sentiments. Ce n'est pas pour devenir un auteur magistral comme Marcel Proust, pas plus que faire de vos rêves des croquis ou des tableaux n'a pour but de devenir un nouveau Rembrandt ou Picasso. Son objectif, c'est de se connaître soi-même, pas de faire carrière. Tenir un journal c'est communier avec son âme. C'est son but, c'est son sens. Exprimer sa subjectivité avec des mots sur ses pages équivaut à grandir dans le corps qui vous était destiné en raison de votre constitution génétique. Nous écrivons dans un journal pour devenir qui nous sommes et le savoir, pas pour raconter ce que nous savons déjà. L'auditoire est interne. La matière, c'est l'âme.

J'ai étudié *Le Livre Rouge* de Jung de manière intensive au cours des dernières années. C'est le récit en mots et en images de sa rencontre avec lui-même. Il nous dira des années plus tard que ce fut le tournant majeur de sa vie d'adulte, dont découlèrent bon nombre de ses idées et de ses œuvres ultérieures, ainsi que de nouvelles méthodes et techniques pour entrer en contact en profondeur avec la psyché. Il s'était engagé une entreprise risquée et y avait survécu. Pour nous, les risques ne sont pas si grands parce que nous avons son récit de voyage en support. Sa plus grande découverte fut le monde intérieur, et c'est un espace que nous pouvons nous aussi explorer en utilisant la méthode de l'imagination active et en enregistrant nos expériences. Le voyage intérieur est une aventure de découverte. Ce qui est trouvé par ceux qui empruntent ce chemin, ce sont des symboles qui sont vivants et brillent avec une puissance et une intensité numineuses. Ceux-ci constitueront les fondations d'un mythe personnel par lequel vivre. Comme Jésus l'a dit du royaume de Dieu, c'est un trésor que ni la teigne ni la rouille ne détruiront. C'est notre maison éternelle.

La plénitude n'est pas une notion ésotérique. C'est une expérience vécue, immédiate et d'une grande simplicité. Et elle est accessible à tous ceux qui prennent le temps de plonger dans le monde intérieur de la psyché et y donnent leur énergie. Tenir un journal est une façon de mener cette aventure, et l'ouvrage de Susan Tiberghien s'avère un guide utile et éclairant.

Murray Stein, Ph.D. est un psychanalyste jungien pratiquant à Zurich, en Suisse, et un analyste formateur et superviseur à *l'International School of Analytical Psychology* de Zurich (ISAP Zurich). Il est l'auteur de nombreux livres, dont *Jung's Map of the Soul* et *Outside Inside and All Around*.

# Introduction

À la suite de mon exposé à la Fondation C. G. Jung à New York, en mai 2015, on m'a demandé si le texte de ma conférence, *Écrire vers la plénitude*, était disponible. J'ai répondu par la négative : j'étais intervenue en utilisant mes notes. Cependant, la question me trottait dans la tête, et en quelques mois, j'avais établi un plan pour ce livre. Je l'intitulerais *Écrire vers la plénitude*, et il inclurait plusieurs des thèmes que j'avais traités devant différentes Sociétés et Instituts jungiens depuis plus de quinze ans, à New York, Washington, D.C., Boston, Chicago, mais aussi à Londres et ici, près de Genève. Je les appellerais « Leçons inspirées par C. G. Jung », et je les relierais par ma lecture du *Livre Rouge* et de *Ma vie - Souvenirs, rêves et pensées*, que j'apprécie tant.

En composant *Le Livre Rouge*, Jung a écrit : « J'ai toujours su que ces expériences-là renfermaient quelque chose de précieux. » (*Le Livre Rouge*, p. 619) C'est ce quelque chose de précieux que je souhaite partager dans *Écrire vers la plénitude* : la confiance de Jung dans le soi, en ce que nous sommes et en ce que nous pouvons devenir.

Les leçons suivent le propre voyage de Jung vers la plénitude. Il y a d'abord sa rupture avec Freud en 1913 et sa décision délibérée de se confronter à l'inconscient. La leçon 1 présente *Le Livre Rouge* et la pratique du journal intime pour nourrir l'âme. La leçon 2 ouvre l'esprit à l'imagination active au moyen de l'imagerie, du dialogue et du dessin. La leçon 3 invite les lecteurs à écouter leurs rêves et à les décrire. La leçon 4 illustre le rôle de la métaphore en tant que pont reliant le monde visible et l'invisible. La leçon 5 explore l'attrait de la beauté et comment Jung donnait à ses visions une forme esthétique. Le livre avance ; la leçon 6 traite de l'étude de l'alchimie, un sujet qui a fasciné Jung, lui faisant mettre de côté son travail sur *Le Livre Rouge*. Cela m'a conduit à l'étude des philosophies orientales, un sujet que j'aborde dans la leçon 7, « Apprendre le Zen ». Et la leçon 8 conclut le voyage en rassemblant nos expériences, notre langage et nos sensibilités alors que nous écrivons vers la plénitude et que nous nous approchons du Soi.

C'est par l'écriture que je continue à développer ces thèmes ; je les partage à la fois dans des ateliers et lors de conférences, et chaque fois j'apprends à mieux transmettre l'enseignement et l'expérience de Jung. À comment le faire en tant qu'écrivaine et qu'individu qui les a vécus à travers l'analyse, les conférences et la lecture, la réflexion et l'écriture. Et à comment encourager – informer et inspirer – les autres à entreprendre leur propre voyage. À chaque étape, *Écrire vers la plénitude* renforce les leçons que Jung a enseignées et partagées avec des millions de personnes. Dans mon premier livre *Looking for Gold, A Year in Jungian Analysis*, j'écris comment Jung m'a ouvert la porte de mon propre voyage, et maintenant, vingt ans plus tard, il m'a amené à inviter d'autres à faire leur voyage.

Je me tourne vers le rêve que Jung a fait quand il était un jeune adulte, où il se retrouvait dans une forêt sombre. « C'était la nuit, à un endroit inconnu ; je n'avançais qu'avec peine contre un vent puissant soufflant en tempête. En outre il régnait un épais brouillard. Je tenais et protégeais de mes deux mains une petite lumière qui menaçait à tout instant de s'éteindre. Or il fallait à tout prix que je maintienne cette petite flamme : tout en dépendait. » (Jung 1962, p. 110)

Cette même petite lumière est en chacun de nous. En partageant ces leçons, je souhaite encourager le lecteur à nourrir cette lumière et à l'apporter au monde. C'est dans les ténèbres que la lumière brille le plus.

# Chapitre 1

## *Tenir son propre Livre Rouge : écrire à l'âme*

« Je vous conseille de noter tout cela le plus joliment possible – dans un livre joliment relié [...] vous pourrez à tout moment l'ouvrir, le feuilleter à loisir, ce sera comme votre église, votre cathédrale, les plages de silence de votre esprit, où vous pourrez vous ressourcer [...] car votre âme est dans ce livre. »
C. G. Jung (2009, pp 100-101)

Dans notre voyage vers la plénitude – l'unité fondamentale de la création –, chaque chapitre présente un chemin différent. Dans le présent chapitre, écoutons ces paroles de C. G. Jung à Christiana Morgan, du 12 juillet 1926. Elles s'adressent à nous aujourd'hui. Il nous incite à regarder notre monde intérieur et à décrire ce que nous découvrons au plus profond de nous-mêmes, à mettre par écrit les images provenant de nos souvenirs, de nos rêves, de nos réflexions. Images de l'inconscient collectif, cet immense coffre au trésor de mythes, de contes populaires, de légendes, d'œuvres d'art, partagés entre toutes les cultures au fil des siècles. Jung nous conseille de mettre à contribution les capacités imaginatives de notre être et de noter tout cela dans nos propres Livres Rouges. C'est la première étape du chemin vers la plénitude.

Dans ce chapitre, je présente brièvement *Le Livre Rouge* et les premiers écrits de Jung sur l'âme. Nous verrons comment l'âme a été perçue, depuis les temps anciens jusqu'à aujourd'hui. Comment Jung a-t-il vu l'âme ? Comment voyons-nous l'âme ? Et ensuite, comment nous adresser à elle ? Nous examinerons la façon dont d'autres s'y sont pris, avec des citations d'Etty Hillesum et de Thomas Merton. Puis ce sera à nous d'écrire à l'âme, dans nos propres Livres Rouges.

## 1) Introduction au *Livre Rouge* et aux premiers écrits de Jung sur l'âme

Lorsque les chemins de Freud et de Jung se séparent, en 1913, ce dernier, seul et à la dérive, se laisse plonger dans l'inconnu, dans le royaume de l'imagination. Dans *Ma vie*, il écrit :

> « Ce fut au temps de l'Avent de l'année 1913 que je me décidai à entreprendre le pas décisif – le 12 décembre. J'étais assis à mon bureau, pesai une fois encore les craintes que j'éprouvais, puis je me laissai tomber. Ce fut alors comme si, au sens propre, le sol cédait sous moi et comme si j'étais précipité dans une profondeur obscure. » (Jung 1962, p. 208)

Bouleversé par ses visions, il s'écrie : « Mon âme, où es-tu ? M'entends-tu ? » Une image surgit, une jeune fille. Jung l'interroge, l'écoute, lui tend la main. Il décrit l'image dans son journal, consigne la rencontre et la commente.

D'autres images apparaissent, des figures de personnages connus et inconnus des siècles passés – Siegfried, Élie, Salomé, Izdubar, le Cavalier rouge, un bibliothécaire, Philémon et d'autres encore – ainsi que des images de la nature, serpents et oiseaux. Il observe chacune d'elles, leur adresse la parole, puis se lance dans de nouvelles aventures.

*Le Livre Rouge*, C. G. Jung,
édité et présenté par Sonu Shamdasani

Et il continue à tout écrire, sachant qu'autrement l'esprit conscient bloquerait la spontanéité du fantasme. En effet, « Un *procès-verbal*[1] est absolument indispensable pour retenir la réalité dans le commerce avec l'ombre. Ce n'est que par ce moyen pénible qu'il nous est possible d'acquérir une intuition positive de la nature complexe de notre propre personnalité. » (Jung 1955, p. 294)

Jung poursuit pendant deux ans ce périple extraordinaire – qu'il a appelé plus tard *Confrontation avec l'Inconscient* –, pendant lequel un flot incessant de visions le submerge, et il travaille à décrire précisément ce voyage visionnaire dans ses journaux, ses *Cahiers noirs*. Il ressent peu à peu le besoin de donner à ce qui lui a été révélé une présentation plus élaborée. Avec une étonnante habileté artistique – calligraphie ancienne, marges enluminées, stupé-

---

[1] En français dans le texte original allemand (NdT).

fiantes peintures –, il transcrit les visions, et les commente, dans un épais volume relié de cuir rouge, le mystérieux *Livre Rouge*, qu'il intitule *Liber Novus* (nouveau livre). L'une des premières visions que Jung y a traitées est l'invocation à son âme. Après la tension de sa rupture avec Freud, il s'est rendu compte qu'il s'était égaré. Tellement pris par son succès professionnel de brillant psychanalyste, professeur à l'Université de Zurich, président de l'Association internationale de psychanalyse, il avait presque oublié qu'il avait autrefois une âme. Voici son premier dialogue – ou monologue –, intitulé *Retrouvailles avec l'âme*, suivi de quelques lignes de commentaire, où Jung se débat avec l'image pour en découvrir le sens.

> La vision :
> « Mon âme, où es-tu ? M'entends-tu ? Je parle, je t'appelle – es-tu là ? Je suis revenu, je suis rentré – j'ai secoué de mes pieds la poussière de tous les pays, et je suis venu à toi, je suis avec toi ; après de longues années de longue marche[2], suis à nouveau venu vers toi [...] Par quels mots te décrire par quels sentiers tortueux une bonne étoile m'a conduit jusqu'à toi ? Donne-moi ta main, mon âme presque oubliée. Quelle chaleur me procure la joie de te revoir [...] Mon âme, c'est avec toi que mon voyage doit continuer. Avec toi je veux cheminer et monter jusqu'à ma solitude. » (Jung 2009, pp. 149-150)
>
> Le commentaire :
> « Voilà ce que l'esprit des profondeurs m'obligea à dire et en même temps à vivre contre ma volonté, car je ne m'y attendais pas. J'étais alors

---

[2] De 1902 à 1913, selon le *Cahier noir* 2 (cf. Jung 2009, note 48 p. 153).

encore entièrement prisonnier de l'esprit de ce temps et avais une autre opinion de l'âme humaine [...] Je l'ai jugée et en ai fait un objet de science [...] C'est pourquoi l'esprit des profondeurs m'obligea à parler à mon âme, à l'invoquer en tant qu'être vivant et existant par lui-même. Il fallait que je comprenne que j'avais perdu mon âme. » (Ibid., pp. 150-151)

Jung interpelle son âme. Pendant de nombreuses années, il avait écouté l'appel extérieur de l'esprit de ce temps, l'adulation de l'intelligentsia, l'érudition, la célébrité. « J'avais obtenu célébrité, puissance, richesse, savoir, et tous les bonheurs humains. C'est alors que mon désir de voir ces biens se multiplier s'arrêta net. » (Ibid., p.149) Il voulait maintenant secouer la poussière de ses préoccupations matérielles et répondre à l'appel intérieur de l'esprit des profondeurs. Il luttait pour être à l'écoute de son âme retrouvée. Si elle n'était pas présente à l'intérieur de lui, il craignait que l'horreur du vide ne le submerge.

Tout cela, il l'écrit dans ses journaux, utilisant l'écriture pour débloquer son imagination et approfondir sa réflexion. Il prendra son temps. Nous pouvons l'imaginer, assis à son bureau dans son cabinet, les yeux fermés ; il observe une vision de son âme, trouve les mots pour s'adresser à elle, puis décrit ce qu'il a vécu. Ses notes constituent des lettres à son âme perdue. « Donne-moi ta main, mon âme presque oubliée. » Il ne veut pas qu'elle disparaisse. Il lui serre fort la main.

Après avoir interpellé son âme : « Où es-tu ? », Jung lui demande : « Qui es-tu ? » Il ignore tout de son mystère. Il s'est trop longtemps égaré dans les événements, les hommes et le monde. Où s'est réfugiée son âme durant tout ce temps ? Voici ce qu'il dit dans son journal, au chapitre intitulé *L'âme et Dieu*.

La vision :
« Qui es-tu, enfant ? Mes rêves t'ont représentée sous les traits d'un enfant, d'une jeune fille. Je ne sais rien de ton secret. Pardonne-moi si je parle comme en rêve, comme un homme ivre – es-tu Dieu ? Dieu est-il un enfant, une jeune fille ? Pardonne mes propos confus. Personne ne m'entend. [...]
Comme le fait de t'appeler un enfant résonne étrangement en moi, toi qui tiens dans ta main tant d'infinités. Je marchais sur le chemin diurne, et tu marchais, invisible, avec moi, ajoutant ingénieusement un morceau puis un autre et tu me fis voir un tout dans chaque morceau. » (Ibid., p. 154)

Le commentaire :
« Comme un marcheur fatigué qui n'a rien cherché dans le monde à part ce dernier, je dois me présenter devant mon âme. Je dois apprendre que derrière toute chose il y a finalement mon âme et, quand je mesure le monde, je le fais au fond pour trouver mon âme [...] En effet, l'esprit de ce temps me faisait croire à ma raison ; il me montrait une image de moi-même qui était celle d'un guide aux idées abouties. Mais l'esprit des profondeurs m'enseigna que je suis serviteur, le serviteur d'un enfant. Ces paroles me répugnaient et je les détestai. Mais je dus reconnaître que mon âme est une enfant et que mon Dieu dans mon âme est un enfant. » (Ibid., pp. 154, 157)

L'esprit de ce temps l'a induit en erreur. Il n'a écouté que les louanges du public. Maintenant, l'esprit des profondeurs lui enseigne d'écouter son âme. La nuit suivante, il écrit de nouveau tout ce dont il se souvient, en restant fidèle à sa formulation. Bouleversé par ce qui lui arrive, il ne voit que brouillard et ténèbres. Il ne sait pas où son âme le conduit. Doit-il apprendre à la suivre sans savoir où ?

« Est-ce là ton sens, mon âme ? Je te suis en boitant, appuyé sur les béquilles de ma raison. Je suis un être humain, et tu marches comme un Dieu. Quelle torture ! […] Entends mes doutes, sinon je ne pourrais pas te suivre, car ton sens est un sur-sens, et tes pas sont les pas d'un Dieu. » (Ibid., p. 161)

L'écriture de Jung est si visuelle ici ! Nous l'imaginons boitant sur des béquilles alors qu'il essaie de suivre l'âme. « Je suis un être humain et tu marches comme un Dieu. » En s'adressant ainsi directement à l'âme par écrit, Jung apprend à avancer sans savoir dans quelle direction.

Ce sont quelques-uns des premiers textes de Jung à son âme. Il continuera à lui tenir la main, à l'écouter, à la suivre dans les profondeurs de son inconscient, tout en la regardant devenir une adulte indépendante et bien charpentée. Et il écrira tout cela dans son journal, considérant ses pages comme des lettres à l'âme.

Lorsque nous lisons et écoutons ce qu'écrit Jung à son âme, nous l'entendons nous exhorter à faire de même. À invoquer notre âme, lui prendre la main et la laisser nous guider. Et à l'écrire dans nos propres Livres Rouges.

### 2) Comment voyons-nous l'âme ?

Pour écrire à l'âme, nous devons d'abord nous demander comment nous la voyons. Comment la décririons-nous ? Dans la plupart des traditions, l'âme est l'essence spirituelle d'une personne. Dans un langage plus contemporain, l'âme est le principe vital de la création.

Le mot moderne « *soul* » [âme] est dérivé du vieux terme anglais *sâwol*, attesté pour la première fois dans le poème du VIII$^e$ siècle *Beowulf*. Il s'agissait très probablement d'une adaptation par les premiers missionnaires du concept d'esprit, traduit du grec *psyché*, qui signifie souffle, donc force vitale. Mais l'âme se personnifiait aussi sous la forme d'une belle jeune fille, Psyché, aimée d'Éros. Et en grec ancien il existe encore une autre signification, papillon – une belle image pour l'âme.

En remontant plus avant, dans l'Égypte ancienne, l'âme était une substance composée de cinq éléments. Le plus familier pour nous est le Ba, l'aspect de la personne que l'on croit continuer à vivre après que le corps soit mort. Le Ba se transforme lui-même en oiseau avec une tête humaine ; il quitte la momie avant la mise au tombeau et rejoint dans l'au-delà le Ka, l'essence vitale.

Dans la Grèce antique, Platon définissait l'âme comme la force spirituelle ou l'essence d'une personne, qui après la mort renaîtrait dans les corps ultérieurs. Dans son dialogue *Phèdre* (§ 251), on trouve une étonnante description des ailes de l'âme qui poussent. Socrate parle de l'effet de la beauté sur l'âme. Il imagine que, en voyant la beauté, les ailes de l'âme grandissent, leur tige s'humidifie, se réchauffe et se déploie. Pouvons-nous le suivre en imagination ? Notre chair de poule pourrait être un vestige de l'époque où l'on considérait que les âmes possédaient des ailes et, si on prenait soin d'elles, leurs plumes poussaient.

Un siècle plus tard, Aristote suivit le chemin de Platon. Dans son ouvrage *De l'âme* (De Anima), Aristote définit l'âme comme la forme ou l'essence de tous les êtres vivants : plantes, animaux et humains. C'est la possession de l'âme qui donne vie à un organisme. C'est seulement dans une partie de l'être humain – l'esprit ou l'intellect – que l'âme est une substance distincte. Cette partie est immatérielle, elle peut exister sans le corps, et elle est donc immortelle.

Poursuivons à travers les siècles jusqu'à Hildegarde de Bingen au XII$^e$ siècle, abbesse, théologienne, mystique, pour qui l'âme est la force vitale verdissante du corps. Hildegarde utilise le mot *viriditas*, qui signifie verdure, vitalité, luxuriance. Ses visions mystiques assimilent le cosmos à un mandala, les sphères extérieures représentant les cieux, les sphères intérieures se déplaçant à travers le ciel, les vents, la pluie, vers la terre et l'humanité. L'âme est omniprésente. Dans son livre *Scivias*, Hildegarde écrit : « L'âme n'est pas dans le corps, le corps est dans l'âme. » Une idée extraordinaire, voici dix siècles.

Un autre grand personnage spirituel de la fin du Moyen Âge, Maître Eckhart, professait que l'âme parle en images plutôt qu'en mots. « Quand l'âme veut vivre quelque chose, elle projette une image de l'expérience devant elle et entre dans sa propre image. » Là encore, ce point de vue est remarquable. Nous imaginons l'âme projeter une image et y entrer. Et nous comprenons ainsi qu'elle ne fait qu'un avec cette dernière. Notons aussi que Maître Eckhart considère que l'âme est féminine.

À la suite d'Eckhart, théologiens aussi bien que mystiques ont poursuivi leur recherche en vue de comprendre l'âme. Puis, à partir du XVII$^e$ siècle, tout ce qui ne pouvait être vu par les yeux ou touché par les mains était tenu pour douteux. Seules les choses matérielles avaient un fond. La réalité physique de la création était tout ce qui existait. La recherche scientifique nous donnerait les réponses. La science résoudrait l'énigme de notre existence. Dans l'esprit moderne, il y a peu de place pour l'âme. Peu de place pour l'invisible, pour le surnaturel.

De nos jours, les psychologues contemporains se trouvent au milieu, investis à la fois dans l'aspect concret et dans l'aspect spirituel de la réalité. À partir de 1913, dans ses journaux, Jung cherche à s'engager dans le spirituel. Alors qu'il s'efforce de suivre son âme, il se rend compte qu'il découvre son propre Soi. « C'est ainsi que ton âme est ton propre Soi dans le monde spirituel. » (Jung 2009, p. 346) La demeure de l'âme se trouve dans le monde spirituel, dans l'univers non spatial et son incalculable abondance d'images accumulées sur des millions d'années. De ce fait, l'âme produit un flux incessant d'images qui traversent les rêves, les rêveries, les fantasmes et les mythes. Nous sommes revenus à Maître Eckhart. L'âme parle en images. Alors que Jung se déplace dans son flot d'images, il se dirige vers la plénitude.

Pour conclure ce rapide survol de la façon dont l'âme a été perçue à travers les siècles, je citerai le disciple de Jung, James Hillman. Dans son livre *The Soul's Code*, Hillman choisit l'image du gland pour représenter l'âme de chacun, en tant que ses capacités potentielles spécifiques. De même que la destinée du chêne est inscrite dans le gland, la nôtre est contenue dans notre âme. Hillman nous apprend que la vraie croissance, c'est de se développer dans le monde invisible plutôt que de croître dans le monde physique. Au lieu de vouloir que nos enfants se développent vers le haut, nous voulons qu'ils poussent vers le bas.

Voici une suggestion d'écriture :
Comment voyez-vous l'âme ? Comment décririez-vous l'âme ? Fermez peut-être les yeux. Quelle image vous vient à l'esprit ? Un papillon, une jeune fille, un gland ? Prenez un moment pour écrire quelques lignes.

## 3) Comment écrire à l'âme ?

Nous nous souvenons que Jung conseillait à Christiana Morgan de tout mettre par écrit, de décrire son voyage dans son journal. Il nous conseille donc de faire de même, de décrire notre voyage dans notre journal. Comment fait-on cela ? Regardons le mot « journal ». Nous voyons la même racine, jour, dans les deux mots journal et *journey* (qu'on traduit par voyage). Un journal est un voyage, un cheminement vers une compréhension plus profonde de nous-mêmes. Tenir un journal est une pratique spirituelle. Avec nos mots, nous donnons vie à ce que nous voyons, ce que nous touchons, ce que nous entendons. Nous établissons un pont entre le monde visible et le monde invisible. Nous trouvons le papillon qui nous parle de l'âme.

Imaginez un instant que vous êtes sur une plage et regardez la multitude de coquillages éparpillés sur le sable. Ils sont jolis, mais ils restent lointains et indifférenciés. Par contre, si vous en ramassez un et que vous le tenez dans votre main, il devient proche. Vous voyez qu'il est unique. La coquille est là, blanche et lisse. Mais un de ses bords est ébréché. Elle a souffert mais elle est toujours belle. Vous touchez son mystère. Et en écrivant à propos de cette coquille, vous découvrez votre propre texture lisse, vos propres bords ébréchés. Vous rapprochez les deux mondes, le visible : votre coquille, et l'invisible : votre propre soi.

Si vous ne l'avez pas mis par écrit, il sera bien trop facile d'oublier ce souvenir ou de le mettre en doute. Vous oublierez l'éclair de compréhension que vous avez eu lorsque vous avez ramassé cette coquille blanche et l'avez tenue dans votre main. Vous ne repenserez pas à la surprise que vous avez ressentie lorsque vous avez rencontré la personne même à qui vous aviez pensé récemment. Ces événements synchronistiques renvoient à des configurations dans l'unité fondamentale de la création. Nous utilisons le terme synchronicité pour désigner des coïncidences signifiantes. Si nous ne leur prêtons pas attention, elles tomberont dans l'oubli. Tenir un journal, c'est ralentir, chercher un sens dans ce que nous vivons et trouver des indices de plénitude.

J'ai écrit, dans *One Year to a Writing Life*, que mes journaux sont des grappillages – ce que j'ai glané au cours d'une promenade dans les vignobles suisses, ou en regardant le lever du soleil sur les Alpes. Je n'écris pas forcément chaque jour, mais je garde toujours mon journal près de moi ; il tient dans mon sac à main, et de temps à autre je note ce que j'ai recueilli en cours de route, un rêve, quelques mots d'une conversation avec un de mes enfants, la lumière du matin à la surface du lac, une citation d'un livre, une réflexion, qui s'approfondit à mesure que je l'écris. Chaque fois que l'on écrit dans journal, c'est un pas vers la découverte de soi-même, et finalement vers la plénitude.

Mon journal

## Tenir son propre *Livre Rouge* : écrire à l'âme

Parce que mon journal est toujours dans mon sac à main, prêt à être sorti et à recevoir des mots, il a un peu souffert. Voici mon cahier le plus récent. Les bords sont usés, renforcés avec du scotch. Chacun d'eux couvre une période d'un à deux ans. Le dernier couvre une année. Ce n'est pas le magnifique *Livre Rouge*, pourtant je trouve des empreintes de mon âme sur ses pages.

Par où commencer ? Sur quoi écrire ? Voici le conseil de Rainer Maria Rilke au jeune homme qui lui avait écrit pour lui demander comment devenir poète. Rilke lui répondit : « Il n'est qu'un seul chemin. Entrez en vous-même. » (Rilke 1929, p. 10) Rilke conseille à son jeune correspondant de fuir les grands sujets et d'écrire sur les choses qui l'entourent, les images de ses rêves, les objets de ses souvenirs. « Vous devez donner naissance à vos images. Elles sont l'avenir qui attend de naître. »

C'est ce que Jung fait dans *Le Livre Rouge*, et aussi beaucoup plus tard dans sa vie quand il écrit son autobiographie, *Ma vie*. Il a donné naissance à ses images. Son amie et assistante, Aniela Jaffé, a déclaré, dans son introduction, que « seule l'essence spirituelle de sa vie était pour lui inoubliable et valait la peine d'être racontée. » (Jung 1962, p. 11) Dans sa vieillesse, seuls les souvenirs qui touchaient son âme méritaient d'être partagés.

C'est pourquoi il ouvre son autobiographie avec ce souvenir ancien :

> « Ici surgit un souvenir, peut-être le plus lointain de ma vie, et qui n'est, pour cette raison, qu'une assez vague impression : je suis étendu dans une voiture d'enfant à l'ombre d'un arbre. C'est un beau jour d'été, chaud ; le ciel est bleu. La lumière dorée du soleil joue à travers les verts feuillages ; la capote de la voiture est levée. Je viens de me réveiller dans cette superbe beauté

et je ressens un bien-être indescriptible. » (Ibid., p. 25)

Et il la termine par cette pensée tardive :

« Il est tant de choses qui m'emplissent : les plantes, les animaux, les nuages, le jour et la nuit, et l'éternel dans l'homme. Plus je suis devenu incertain au sujet de moi-même, plus a cru en moi un sentiment de parenté avec les choses. » (Ibid., p. 408)

Jung se retrouve au point de départ. Il se souvient d'un rêve de son enfance, et une impression de bien-être indescriptible lui revient très tard dans sa vie, comme un sentiment de parenté avec les choses, un sentiment de plénitude.

### Les journaux d'Etty Hillesum

Pour illustrer la profondeur de ce que l'on peut découvrir en tenant un journal, je me tourne vers Etty Hillesum, et son journal, *An Interrupted Life and Letters from Westerbork* (*Une Vie bouleversée, suivi de Lettres de Westerbork*), qu'elle a écrit au cours des deux dernières années et demie de sa vie à Amsterdam, puis dans le camp de transit pour Juifs à Westerbork. À l'âge de 29 ans, elle fut déportée vers les camps en Allemagne, dans l'un des trains de marchandises hebdomadaires, et mourut à Auschwitz le 30 novembre 1943. Elle commença son journal le 9 mars 1941 : « Eh bien, allons-y ! Moment pénible, barrière presque infranchissable pour moi : vaincre mes réticences et livrer le fond de mon cœur à un candide morceau de papier quadrillé. » (Hillesum 1981, p. 9)

Elle continuera, notant sur le papier ce qu'elle vit ; petit à petit, elle découvre en elle un réservoir de force et de confiance qui lui permet d'affronter l'innommable de ce qu'elle est en train de vivre. Les jours passent et l'obscurité grandit. Voici une page de journal écrite un an plus tard :

> « [...] les branches de l'arbre devant ma fenêtre ont été coupées. La nuit précédente, les étoiles étaient encore suspendues comme des fruits scintillants dans les branches alourdies, et maintenant elles grimpent, incertaines d'elles-mêmes, sur le tronc nu et décharné. Oh oui, les étoiles : pendant quelques nuits, certaines d'entre elles se perdirent, désertèrent, et broutèrent dans les vastes plaines abandonnées.
>
> « À un moment, alors que l'on coupait les branches, je suis devenue sentimentale. Et j'étais profondément triste. Puis j'ai soudain compris : il me fallait aimer le nouveau paysage aussi, l'aimer à ma façon. Maintenant, les deux arbres se dressent comme d'imposants ascètes, s'enfouissant dans le ciel lumineux comme deux poignards. »[3]

Hillesum tient, jour après jour, la chronique de la découverte de son âme. C'est l'étonnant récit d'un voyage vers la plénitude. À chaque nouvelle page de journal, sa réflexion s'approfondit jusqu'à ce qu'elle soit capable de transformer sa tristesse de voir les branches coupées en la perception d'un nouveau paysage qu'elle va aimer à sa façon.

Voici un autre extrait, écrit un an plus tard à Westerbork, le camp de transit d'où les Juifs étaient déportés vers les centres d'extermination en Allemagne. Dans cet extrait,

---

[3] Cette citation provient de la page 94 du texte anglais, non reprise dans le livre publié en français (NdT).

Etty s'adresse à Dieu. Elle a repris ces lignes dans une lettre qu'elle écrivit à son amie Tide trois mois seulement avant sa mort.

> « Westerbork, 18 août [1943]. Chère petite Tide, […] Cet après-midi, je me reposais sur mon châlit et tout à coup l'impulsion m'est venue de noter ceci dans mon journal, je te l'envoie :
> "Toi qui m'as tant enrichie, mon Dieu, permets-moi aussi de donner à pleines mains. Ma vie s'est muée en un dialogue ininterrompu avec Toi, mon Dieu, un long dialogue. Quand je me tiens dans un coin du camp, les pieds plantés dans ta terre, les yeux levés vers ton ciel, j'ai parfois le visage inondé de larmes – unique exutoire de mon émotion intérieure et de ma gratitude […]"
> « Il se produit tout de même des miracles dans une vie humaine, ma vie est une succession de miracles intérieurs. C'est bon d'avoir quelqu'un à qui le dire. […] Continue à écrire, oui. Prends bien soin de toi, ma chérie. Etty. »
> (Ibid., pp. 316-317)

Son dernier journal a été perdu, probablement réduit en cendres à Auschwitz, mais, par chance, son amie a conservé cette lettre, aussi pouvons-nous revivre avec étonnement le voyage qu'elle fit en moins de trois ans ; elle le commença en « créature misérable et effrayée » et le finit en célébrant l'espoir, en célébrant la vie. Elle a révélé ses expériences, ses réflexions, ses peurs, ses espoirs, son être même, par l'écriture.

### Journaux de Thomas Merton

Voyons un autre contemporain de Jung, cette fois le moine trappiste Thomas Merton. La plupart des gens de ma génération connaissent cette icône spirituelle du XXe siècle, dont l'autobiographie à succès, *La Nuit privée d'étoiles*, raconte l'histoire de la quête de son âme, qui l'a mené de la fascination de New York à la solitude de l'abbaye Notre-Dame de Gethsémani, au milieu du Kentucky, en 1941. Cette quête le mena finalement en Asie, à Bangkok où il mourut électrocuté en 1968 à l'âge de cinquante-trois ans. Merton continue d'être un phare lumineux dans notre monde enténébré. Ses quelque soixante-dix livres et journaux relatent les différentes étapes de son voyage vers la plénitude.

Merton est allé aussi loin qu'il pouvait pour transcender le bruit, la confusion et le matérialisme de notre monde contemporain. Les trois dernières années de sa vie, il vécut dans un ermitage au milieu de la forêt jouxtant le monastère. Cette solitude le rapprochait toujours davantage du monde qui l'entourait, des questions brûlantes du racisme, des droits civiques, des armes nucléaires, de la guerre du Vietnam. Sa voix dans le désert a été reconnue récemment par le pape François, lors d'une visite aux États-Unis en septembre 2015, comme l'un des deux catholiques américains du XXe siècle qu'il a voulu célébrer, l'autre voix étant celle de Dorothy Day, une amie de Merton, qui œuvrait comme lui pour la justice sociale.

Merton, à la recherche de son âme, se cherchait lui-même. Comme il l'écrivit dans *Love and Living*, il voyait l'âme « pas simplement comme la forme aristotélicienne essentielle, mais comme l'identité personnelle mature, le résultat original d'une recherche authentique et lucide, le 'soi' que l'on trouve après que les autres soi partiels et extérieurs aient été rejetés comme autant de masques. » (Merton 1979, p. 4) On remarque ici une similitude frappante avec le concept de Jung d'individuation, d'abandon de nos masques, de découverte de notre vrai 'soi'. Merton poursuit : « C'est découvrir dans le fond de son être un 'soi' suprême et indestructible. » (Ibid., p. 5) Chez Merton, la quête de l'âme peut être mise en parallèle avec celle de Jung. Les journaux de Merton, écrits à la main, sont les compagnons des journaux de Jung, ses *Cahiers noirs*. De même, ses sept tomes de journaux sont les compagnons du *Livre Rouge*.

Merton a tenu un journal pendant la majeure partie de sa vie adulte. Il y écrivait afin de comprendre où il en était dans son voyage spirituel à travers la vie. J'ai eu la chance de voir ses journaux au Thomas Merton Center du Bellarmine College à Louisville, Kentucky. C'est John Montaldo, auteur, éditeur et ancien directeur de ce Center, qui me les a montrés. Ils sont conservés à une température fraîche pour protéger le papier et le texte. La couverture du journal que j'ai examiné était noire. Merton écrivait à la main, en jolis caractères, passage après passage, page après page, sur du papier blanc grand format. Je n'ai repéré aucune correction, et rien n'a été effacé. Merton a demandé qu'ils ne soient publiés que vingt-cinq ans après sa mort. Ils ont maintenant fait l'objet d'une édition en sept tomes couvrant les années 1939 à 1968, et donnent une vision honnête et complète des changements dans sa vie. Frère Patrick Hart, directeur de publication de plusieurs de ces tomes, note que les meilleurs des écrits de Merton se trouvent peut-être dans ses journaux, car c'est là qu'il exprimait ce qu'il avait de plus profond dans le cœur, sans craindre la censure.

Examinons quelques-unes des pages, en commençant par de courts extraits du volume cinq, 1963-1965, intitulé *Dancing in the Water of Life*.

« 9 décembre 1964. Hier soir, je me suis couché tard à l'ermitage. Tout est calme. Pas de lumière. Froid. Allongé dans le lit, réalisant que ce que j'étais, était heureux […] Et ce matin, en descendant, voyant la multitude d'étoiles au-dessus des branches dénudées de la forêt, je fus soudain frappé par le sens profond de toute chose : l'immense miséricorde de Dieu était sur moi. » (Merton 1997, p. 177)

Merton suit son parcours de vie. Il expérimente pour la première fois la solitude dans son ermitage, situé dans la forêt en bordure du monastère. Chaque page de son journal est une lettre à l'âme, pour exprimer sa gratitude et son sentiment de bien-être.

> « 23 mai 1965. Une belle aube après une autre. Une telle paix ! Méditation avec les lucioles, brume dans la vallée, dernier quartier de lune, chouettes lointaines – réveil intérieur graduel et centré dans la paix et l'harmonie de l'amour et de la gratitude […] [La contemplation] implique une prise de conscience et une acceptation de sa place dans l'ensemble.
> « 25 mai 1965. Journée complète à l'ermitage. J'en suis venu à voir que seuls ces jours de solitude sont vraiment pleins et "complets" pour moi. » (Ibid., p. 250)

Merton approche de la plénitude. Ses journaux ne nous font pas seulement part de sa vie, ils nous invitent à entrer dans son existence, ses pensées et ses peurs, ses croyances et ses doutes. Voici un extrait de *A Vow of Conversation, Journals 1964-1965*. Merton avait cinquante ans et avait emménagé dans l'ermitage.

> « 6 septembre 1965. Hier soir, alors que la lune se levait, j'ai vu le tendre rouge, chaud et brûlant, d'une biche dans un champ. Peu de temps après, un cerf est sorti de la forêt et alors j'ai vu une deuxième biche, puis un second cerf. Je les ai observés superbement courir, brouter […].

Quand vous les regardez directement bouger, vous voyez ce que les peintres rupestres primitifs ont vu [...] C'est très impressionnant. Le 'montu' ou 'esprit' se montre dans la course du cerf. "L'essence du cerf" qui résume tout, et qui est sacrée et merveilleuse. » (Merton 1964, pp. 207-208)

Merton voit dans la course du cerf, dans cette "essence du cerf", l'expression de quelque chose de caché qui récapitule tout. Il a vu quelque chose de profond. Le visage de ce qui est à la fois dans le cerf et en lui-même. Merton a vu une expression de l'âme. Écrire à propos de cette vision fait partie du voyage de Merton vers la plénitude.

Nous venons de croiser les chemins de trois géants spirituels, C. G. Jung, Etty Hillesum et Thomas Merton. Comment pouvons-nous suivre leurs traces ? Je donne un exemple plus banal, provenant de mes propres journaux, glanés à partir de ce que je vois, entends, ressens durant la journée. Je tiens un journal pour trouver mon chemin vers une vie plus consciente, pour garder trace de mon propre voyage vers la plénitude. En voici un bref extrait, écrit voici quelques années après ma courte promenade quotidienne. C'était l'hiver. Le froid était vif. La légère couche de neige avait gelé.

« Bellevue, le 8 janvier 2013
Au cours de ma courte promenade de l'après-midi, j'ai suivi le sentier enneigé bordé de haies sombres. Le ciel était gris et lourd. J'essayais d'éloigner les soucis concernant nos enfants et nos petits-enfants – ceux qui cherchent du travail, ceux qui ne s'entendent pas, celui qui a un cancer. L'obscurité pesait sur mes épaules.

« Là-bas, juste devant moi, l'arbuste que la chaleur de l'été avait desséché éclatait en

*Forsythia blanc en hiver*

milliers de petites fleurs blanches. Une éruption de fleurs blanc neige. Comment de telles branches squelettiques pouvaient-elles produire une telle splendeur source de vie ? Comment ne pas croire à la même ténacité chez mes enfants et petits-enfants ? »

Je pris le temps de noter d'abord mon expérience, de décrire l'image, puis l'éclair de lucidité qui a éclairé l'obscurité. Je sentais de la gratitude couler à travers mes mots. L'arbuste flétri s'épanouissait en plein hiver. J'ai cherché sur Internet le nom d'un tel buisson. Le plus proche que j'ai pu trouver était « forsythia blanc », un arbrisseau dont les bourgeons roses explosent, au début du printemps, avant le vrai forsythia, en fleurs blanches qui ont la forme d'une étoile. J'aimais les printemps précoces. Les nouvelles pousses arrivaient même en janvier.

Quelques jours plus tard, je suis retournée sur le sentier couvert de neige gelée et j'ai pris une photo de mon forsythia d'hiver tout blanc. Une fois de plus, la beauté des bourgeons roses qui éclatent en fleurs blanches, là, sous la neige illumina mon cœur.

Aujourd'hui encore, je peux revenir à mon journal et renouveler ma confiance dans les petits miracles. Et, plus profondément, ma confiance dans la nature. Quel plus beau cadeau pourrait apporter un journal ? J'imagine que Jung revenait souvent à son journal, et aux exquises peintures dont il illustrait ses rencontres, peintures qu'il plaçait dans son *Livre Rouge*. Chaque fois, ressentant à nouveau l'émotion et approfondissant sa compréhension de l'expérience qu'il avait mise en mots. Ici, dans ses journaux, il y avait la *materia prima* pour le travail de toute une vie. Ici se trouvaient les empreintes de l'âme qui le conduisaient à la plénitude.

Voici une suggestion d'écriture :
Imaginez que vous partagez un souvenir avec l'âme. Laissez-en venir un récent à votre esprit, ou peut-être un souvenir remontant à l'enfance. Écrivez-le dans votre journal, en commençant par la date et le lieu. Laissez les mots vous emmener dans cette « plage de silence de votre esprit ».

En conclusion, écoutons à nouveau le conseil de Jung à Christiana Morgan de tout mettre par écrit dans un beau Livre Rouge. Jung s'adresse à nous tous et nous pousse à tout écrire. Décrire nos expériences, nos sentiments et nos pensées, dans notre vie courante. Poursuivre les images qui viennent à nous, les laisser nous conduire dans le monde invisible où l'âme nous prendra par la main durant notre voyage vers la plénitude.

# Chapitre 2

## *Poursuivre les images : l'imagination active*

> « Les années dont je vous ai parlé, pendant lesquelles j'étais tellement occupé par les images intérieures, ont été l'époque la plus importante de ma vie. Tout le reste en découle. [...] Il y avait là une matière première à traiter, pour laquelle l'espace d'une seule vie ne peut suffire. »
> C. G. Jung (2009, p. 7)

En continuant sur le chemin de Jung dans *Le Livre Rouge*, nous verrons dans ce chapitre comment il a poursuivi les images de ses visions. Comment il leur a donné vie, passant d'une vision à une rencontre face à face. Nous verrons comment il se confronte avec son âme, qui lui répond. Comment il écoute et apprend. Nous nous familiariserons avec sa pratique de l'imagination active. Imaginer activement une figure, la visualiser, l'écouter, entrer dans une expérience dramatique avec elle, puis l'écrire afin de sauvegarder l'évènement et de ne pas laisser notre intellect déprécier l'expérience. Alors que Jung se dirigeait vers la plénitude, l'imagination active était son bâton de marche.

Le chapitre comprendra quatre parties. D'abord, Jung et l'imagination active. Comment la pratiquer. Une deuxième partie traitera du dialogue avec les images et les figures de notre imagination, une forme d'imagination active. Une troisième partie concernera le dessin et la peinture des images, autre forme d'imagination active, en référence aux mandalas.

Dans chaque section, des exemples tirés du *Livre Rouge* seront inclus. Enfin, nous verrons comment deux auteurs contemporains, Orhan Pamuk et Terry Tempest Williams, ont suivi leurs images. Ils serviront d'exemples pour la façon dont nous pouvons faire de même, en laissant nos images dresser la carte de notre voyage de vie.

**1) Jung et l'imagination active**

Assailli à deux reprises par la vision d'une inondation monstrueuse couvrant tout le territoire entre la mer du Nord et les Alpes, Jung était incapable de la comprendre. Il entendit une voix intérieure : « Regarde bien ; c'est tout à fait réel et cela sera ainsi. » (1962, p. 204) Pour avancer, Jung savait qu'il devait se laisser « plonger » dans les fantasmes qui s'agitaient au fond de lui. C'était le 12 décembre 1913. « J'étais assis à mon bureau, pesai une fois encore les craintes que j'éprouvais, puis je me laissai tomber. Ce fut alors comme si, au sens propre, le sol cédait sous moi et comme si j'étais précipité dans une profondeur obscure. » (1962, p. 208)

Ce fut le début du *Livre Rouge*, l'histoire de la confrontation de Jung avec l'inconscient, sa rencontre délibérée avec ses images intérieures. Nous avons vu au chapitre précédent qu'il appelait son âme perdue, et qu'il suscitait son image, l'image d'une jeune fille. Il l'interrogeait et lui tendait la main. Tout cela, il l'a fait en imagination, appelant l'image, dialoguant avec elle, puis consignant la vision et la commentant. Il poursuivit ses visions pendant seize ans, tout en voyant ses patients et en les encourageant à faire de même. Ainsi le fit-il pour Christiana Morgan en 1926 : « Je vous conseille de noter tout cela le plus joliment possible – dans un livre joliment relié. » (Jung 2009, p. 100) C'était la

## Poursuivre les images : l'imagination active

*materia prima* pour toutes ses études et ses réalisations ultérieures.

Nous n'avons pas besoin de nous précipiter dans une profondeur obscure, comme le fit Jung, pour convoquer nos images intérieures. Pourtant, je me souviens d'avoir dit à Keller, mon analyste, lors d'une de nos premières séances, que je voulais frapper le sol du pied jusqu'à ce qu'il s'ouvre et que je plonge dans l'abîme. Je lisais Faust et étais, à l'évidence, excessive. Je voulais défier Méphistophélès. Cela n'impressionna pas Keller ; il me demanda plutôt si j'avais un rêve à partager.

Il est plus facile de se rappeler le conseil de Rilke au jeune homme qui lui demandait comment devenir poète : « Il n'est qu'un seul chemin. Entrez en vous-même. » (Rilke 1929, p. 10) Regardez à l'intérieur de vous et servez-vous-en afin exprimer les images de vos rêves, de vos souvenirs et de votre environnement. Donc, pour convoquer nos images, fermons les yeux et regardons à l'intérieur. Nous nous coupons du monde physique qui nous entoure, bruits, interruptions, distractions. Et nous entrons dans le monde de notre imagination.

La psyché nous parle en images : photos, illustrations, portraits. Jung voyait ces images comme des indices ou des suggestions révélant notre état intérieur, indiquant la signification de ce que nous vivons. L'image, qu'elle soit présente dans la nature, dans un souvenir ou dans l'imagination, nous conduit à une compréhension plus profonde du mystère de notre vie. Si, quand je ferme les yeux, je vois souvent un érable, je dois me demander pourquoi. Qu'est-ce qu'il me dit ? Parle-t-il de mes racines en Amérique et de mes branches en Suisse ? Comment, dans ma vie quotidienne, je cherche continuellement à rapprocher les deux cultures, les deux langues ? Ou parle-t-il maintenant de mon grand âge, qu'il est temps de laisser les feuilles tomber au sol et de retourner à mes racines ? C'est le moment de lâcher prise et de chercher de plus longs moments de silence et de méditation. L'image d'un érable m'amène à dérouler l'histoire de ma vie.

Une fois que nous avons fermé les yeux et que nous laissons l'image sortir de notre inconscient, comment pouvons-nous la poursuivre ? Jung a décrit la procédure qu'il a utilisée lors de sa confrontation avec l'inconscient comme l'imagination active, prenant une image à la fois et lui donnant vie. Il faisait, comme nous l'avons vu au chapitre précédent, ce que Meister Eckhart, le théologien et mystique allemand, enseignait six siècles auparavant. « Quand l'âme veut vivre quelque chose... », elle projette une image et y pénètre. Les visions de Jung émergeaient des profondeurs de sa psyché. Il y entra. Les images devinrent les personnages et les lieux qu'il dépeint dans ses journaux – les *Cahiers noirs* – puis retranscrit dans *Le Livre Rouge*.

Dans *Mysterium Coniunctionis*, Jung donne une minutieuse description de l'imagination active. Il termina ce dernier grand ouvrage dans sa quatre-vingt-unième année. Le célèbre analyste Edward Edinger a indiqué que ce livre était vraiment la somme de la psychologie jungienne. Jung disait que « À cette fin, l'étude doit remonter jusqu'à des époques de l'histoire humaine où la formation des symboles se produisait sans entraves. » (Jung 1945, p. 425) Quand on pouvait fantasmer librement. Il se référait à la philosophie naturelle médiévale, au monde de l'alchimie qu'il pensait être en relation étroite avec la psychologie de l'inconscient. Je parlerai de l'alchimie au chapitre 6. Ici, je reviens à la description de Jung de l'imagination active – un pont entre le conscient et l'inconscient. Il explique la façon de travailler avec une image. En me servant de citations tirées de ce livre, je liste les cinq étapes suggérées de ce processus, des étapes que nous pouvons utiliser pour notre propre imagination active.

### Étapes dans l'imagination active

- Tout d'abord, « on choisit judicieusement un rêve ou une image et l'on se concentre sur cette représentation en se contentant de la retenir et de la contempler. »
- « On fixe alors cette représentation en concentrant sur elle toute son attention. En général elle se transforme, car l'attention portée sur elle suffit à l'animer. »
- « On voit se dérouler à partir de là une chaîne de représentations imaginatives qui prennent peu à peu un caractère dramatique : le simple phénomène passif se mue en action. Celle-ci est d'abord représentée en des figures projetées, et le sujet observe des images comme si elles se succédaient sur une scène de théâtre. »
- « Si [l'observateur] comprend que c'est son propre drame qui se déroule sur cette scène intérieure, [...] [il] se mêlera à la pièce » au lieu de rester assis dans le théâtre.
- « Fixer par écrit tout ce processus au moment où il se produit, car on a besoin d'avoir des preuves écrites vis-à-vis de soi-même, pour pouvoir contrebalancer efficacement la tendance à s'abuser soi-même. » (Jung 1955, pp. 293-294)

Il est essentiel de noter que, pour suivre ces étapes, nous devons nous mettre dans un état méditatif. Notre esprit conscient est détendu, ce qui nous permet d'entrer dans le monde intérieur de notre imagination. Nous nous calmons, nous évacuons soucis, pensées et préoccupations. Une fois que nous sommes dans cet état, nous choisissons une image ou, mieux, nous laissons l'image nous choisir. (1) Nous nous concentrons sur elle. (2) Nous la regardons prendre vie. (3) Nous la mettons en scène dans notre imagination et l'observons. (4) Nous montons sur scène et participons à la pièce, à cette histoire qui est en réalité notre histoire. (5) Et puis nous écrivons ce qui s'est passé.

La dernière étape est cruciale. Sans elle, nous minimiserons l'expérience, nous n'écouterons pas son enseignement, nous continuerons comme si cela ne s'était pas produit. Comme l'écrivait Jung dans son *Commentaire sur le Mystère de la Fleur d'Or* : « La tâche [...] consiste d'abord purement et simplement à observer objectivement n'importe quel fragment de phantasme dans son évolution. Il n'y aurait rien de plus simple, mais ici commencent déjà les difficultés [...] Le conscient soulève d'abondantes objections. » (1929, pp. 33-34) Nous ne voulons pas croire que nos fantasmes ont une quelconque signification. Nous nous disons, c'est juste notre imagination. Mais justement, notre imagination est ce qui est le plus précieux pour notre vie intérieure. Et pourtant, nous la déprécions, nous pensons qu'elle ne vaut rien. Notre conscient « semble même souvent porté à étouffer l'activité spontanée de l'imagination, bien que l'on ait la claire intuition de la valeur de cette dernière [...]. Parfois il se produit même une véritable crispation de la conscience. » (Ibid., p. 34) Une crispation de la conscience peut fermer la porte à l'inconscient.

C'est pour contrecarrer cette crispation de la conscience que Jung nous conseille d'écrire ce qui s'est passé. Notre imagination active nous donnera des enseignements. L'image nous parlera, sa leçon nous surprendra. Si nous ne l'écrivons pas, non seulement nous oublierons l'expérience, mais nous en oublierons l'enseignement. Si je n'avais pas écrit mon dialogue avec l'érable, je m'accrocherais encore à toutes mes feuilles. Au lieu de cela, lorsque je reviens à cette page de mon journal, je me souviens, et lentement je lâche quelques feuilles, quelques-unes de mes trop nombreuses activités, inquiétudes, et préoccupations personnelles qui me laissent hors d'haleine en fin de la journée.

À partir de 1913, et pendant plusieurs années, Jung se consacra à ce travail intérieur, pratiqua une imagination active après l'autre et écrivit ses expériences suivies de ses commentaires dans les *Cahiers noirs*. Le travail était extrêmement rigoureux et fatigant, et il était si désemparé qu'il se demandait souvent s'il ne devenait pas fou. Il affirma par la suite que seule sa capacité à exprimer en images ses émotions intenses avait protégé sa raison.

Puis, avec art, il transcrivit ses mots, en les calligraphiant, dans *Le Livre Rouge*, et y ajouta des peintures extraordinaires. En 1917, il ajouta un nouveau manuscrit appelé *Épreuves*. Le rédacteur en chef, Sonu Shamdasani, dans son Introduction au *Livre Rouge*, écrit, page 70, que la séquence complète du *Livre rouge* serait *Liber Primus* : La voie de l'à-venir, *Liber Secondus* : Les images de l'errant, et *Liber Tertius* : *Épreuves*.

Nous sommes extraordinairement privilégiés aujourd'hui d'avoir accès à la série complète, à cette expérience vécue de l'exploration de l'inconscient par Jung. Lorsque nous ouvrons *Le Livre Rouge* et que nous tournons les pages, nous y descendons comme nous descendrions dans un puits mystérieux pour nous rafraîchir. Nous ouvrons une porte à notre propre exploration de l'inconscient.

## 2) Dialoguer avec les images

Une forme d'imagination active que Jung a utilisée, et qu'il a conseillé à ses patients d'utiliser, est de parler à nos images, de dialoguer avec elles. Une fois que nous avons fixé notre attention sur une image, nous pouvons lui poser des questions. Pourquoi est-elle venue à nous ? Qu'a-t-elle à nous dire ? Qu'allons-nous faire maintenant ? Nous écoutons ce que l'image répond. Nous nous laissons surprendre. Et nous notons ce dialogue, comme nous le ferions si nous écrivions une histoire. En effet, nous écrivons une histoire, une histoire réelle.

Voyons l'une des imaginations actives que Jung fit au début de son voyage dans l'inconscient, lorsqu'il poursuit son dialogue avec son âme, qui a grandi : la jeune fille fluette est devenue une femme adulte. Jung s'imagine dans un morne désert cherchant le réconfort dans la chaleur. Il entend l'esprit de ce temps lui dire de reprendre son travail professionnel et de renoncer à la confrontation. Il a peur, il se sent même nauséeux, prêt à abandonner, jusqu'à ce qu'il entende la voix de l'esprit des profondeurs : « Regarde dans tes profondeurs, prie tes profondeurs, réveille les morts. » (Jung 2009, p. 164) Désorienté, complètement perdu, il tend la main à son âme.

La vision et le dialogue ci-après proviennent des chapitres du *Livre Rouge* intitulés *Le désert* et *Expériences dans le désert*. J'ai agencé la conversation sous la forme d'un dialogue, à partir d'extraits de citations :

« Mon âme me conduit dans le désert, dans le désert de mon propre Soi. Je ne pensais pas que mon Soi était un désert, un désert aride, brûlant, poussiéreux et sans boisson aucune […] Comme cette contrée désertique est terrifiante. Il me semble que le chemin conduit si loin des hommes. »

« "Mon âme, que fais-je ici ? " Mais mon âme me parla et dit : "Attends." »

« "Je voudrais m'asseoir près de toi et sentir le souffle au moins de ta présence vivifiante […] Tu es pour moi un arbre ombreux dans le désert. Je voudrais profiter de ton ombre." Mais l'âme répondit : "Tu es avide de plaisirs. Où est ta patience ? Ton heure n'est pas encore venue. As-tu oublié pourquoi tu es parti dans le désert ?"

"Ma foi est faible, mes yeux sont aveuglés par tout l'éblouissant éclat du soleil du désert. […] Je n'ose pas imaginer l'infinie longueur de

mon chemin, et surtout je ne vois rien devant moi. " Mais l'âme répond : "Tu parles comme si tu n'avais encore rien appris. Ne peux-tu attendre ? Faut-il que tout te tombe du ciel, mûr et parfait ? Tu es rempli d'intentions et de convoitises ! […] — Ne sais-tu pas encore que le chemin de la vérité n'est ouvert qu'à ceux qui ne nourrissent aucun dessein ?" »
« Tu es dure, mon âme, mais tu as raison. […] Nous devrions pousser comme un arbre qui ne connaît pas non plus sa loi. Mais nous nous ligotons à des intentions, sans tenir compte du fait que toute intention restreint, voire même exclut la vie.» (Ibid., pp. 165-170)

L'âme est maintenant devenue une adulte avec laquelle Jung peut dialoguer. Quelqu'un qui répond, qui réprimande. Quelqu'un qui lui enseigne. Enseigne à cette personne qui, à l'âge de quarante ans, est à son apogée : marié à une femme brillante, cinq enfants, président de l'Association internationale de psychanalyse, professeur à l'Université de Zurich. Son âme lui dit d'être patient, d'attendre. Jung écoute ses paroles dures mais salutaires. Il a besoin qu'elle le prenne en main. Elle l'accompagnera dans son voyage où il finira par découvrir une nouvelle compréhension de son propre soi et une nouvelle image de la figure de Dieu. Où il élaborera une nouvelle vision du monde sous la forme d'une cosmologie psychologique.

Je me souviens bien de la première fois où j'ai essayé une imagination active. C'était dans les premiers mois de mon analyse, et Keller m'a demandé si je savais quelque chose sur l'imagination active. J'ai dit que je n'en savais que ce que j'avais lu. Il m'a suggéré d'essayer. Je devrais parler au chat qui apparaissait souvent dans mes rêves nocturnes et diurnes. Je pensais que c'était tiré par les cheveux et idiot, mais je voulais essayer. Un après-midi, je me suis allongé sur mon lit et j'ai convoqué mon chat. C'était un chat tigré ; ces derniers temps, il entrait par la fenêtre et allait sous mon lit. Quand j'ai senti que mon chat était à nouveau là, allongé sous mon lit, j'ai dit à voix haute : « Que veux-tu ? » J'ai dû l'interroger trois fois avant qu'il réponde. J'ai parlé de cette expérience dans mon premier livre, *Looking for Gold*, au chapitre *Cat at the Door*. Le chat a dit qu'il voulait juste rester là et se reposer. Son conseil que, moi aussi, je devrais me reposer et faire une sieste est encore valable aujourd'hui.

Je continue à dialoguer avec les images de mes rêves et de mes imaginations. Voici le récit d'une imagination active récente, celle de l'arbre dont j'ai parlé plus tôt. C'est ce qui s'est passé lors d'un séminaire que je donnais à un groupe d'écrivains et d'analystes, ici, en Suisse. Je parlais de l'imagination active et je demandais aux participants de suivre les étapes suggérées par Jung. Je les ai accompagnés. J'ai fermé les yeux, essayant de vider ma tête, et j'ai attendu qu'une image apparaisse. Ce fut celle d'un arbre au feuillage automnal, comme celui devant ma fenêtre de cuisine. Ses feuilles de couleur rouille tombaient sporadiquement sur le sol. Je lui ai parlé. Voici ce dialogue, tel que je l'ai transcrit dans mon journal.

« 6 novembre 2015
Moi : Pourquoi êtes-vous encore venu me voir ?
L'arbre : Pour vous encourager.
Moi : Pour m'encourager à faire quoi ? Vous regarder, admirer vos couleurs ?
L'arbre : Et bien plus.
Moi : Pour voir tomber les feuilles ?
L'arbre : Et bien plus.
Moi : Pour laisser tomber les feuilles ?
L'arbre : Oui, pour les laisser tomber toutes seules.

Moi : Comment dois-je procéder ?
L'arbre : Relâchez le contrôle.
Moi : J'arrête de vérifier si tout va bien ?
J'arrête de m'inquiéter pour ma famille, mes amis, mon travail.
L'arbre : Exact. Laissez les choses se faire.
Moi : Je devrais m'asseoir et laisser les feuilles tomber.
L'arbre : Votre corps s'assoit, mais en même temps vous continuez à grandir. Vous devenez plus légère, plus libre.
Moi : Je continue à grandir ?
Arbre : Les feuilles retournent aux racines et pousseront à nouveau.
Moi : La vie suit la mort ?
L'arbre : Oui, c'est un continuum.
Avec ces derniers mots, je vois l'arbre s'incliner vers le sol, et former un cercle. Je sens l'énergie monter en moi. Moi aussi, je veux m'incliner et toucher le sol. »

Impliquer activement l'arbre, lui poser des questions et écouter ses réponses, m'a donné un enseignement sur la vie et la mort. À la fin du dialogue, j'ai vu l'arbre, représenté comme un cercle, se pencher pour toucher la terre. L'arbre était devenu un symbole unificateur, reliant le connu et l'inconnu. Le connu, c'était ce qui je vois de la fenêtre de cuisine, ce que je fais dans ma vie quotidienne. L'inconnu, c'était à la fois mes racines et ce qui m'attendait. Jung appelle ce processus la fonction transcendante, réunissant les opposés, le connu et l'inconnu, pour créer quelque chose de nouveau. Je réunis les feuilles et les racines, le visible et l'invisible, et je crée une nouvelle liberté et une nouvelle vie.

Je transcris mes dialogues dans mon journal, en indiquant la date. Je les commente. Pas à pas, les dialogues me conduisent à de nouvelles découvertes, à une compréhension plus profonde de moi-même. Une façon d'écrire vers la plénitude.

Voici une suggestion d'écriture :
Effectuez maintenant une imagination active en écrivant un dialogue avec une image intérieure. Fermez les yeux pour vider votre esprit. Laissez émerger une image. Concentrez-vous sur elle. Demandez-lui pourquoi elle vous est venue à l'esprit. Rédigez votre question sous la forme d'un dialogue. Laissez l'image répondre. Laissez-la vous surprendre.

En écrivant ce dialogue, vous enregistrez par écrit votre imagination active. Par la suite, quand vous pourriez ne pas croire que votre image vous a parlé, quand vous pourriez même oublier tout l'épisode, vous l'aurez ici dans votre journal. Vous pouvez y revenir et réentendre. Votre journal est la plage de silence de votre esprit.

### 3) Dessiner l'image

Dialoguer avec une image n'est qu'une façon d'imagination active. Il y a d'autres façons d'entrer dans la pièce qui se déroule lorsque nous regardons notre image. Nous pourrions monter sur scène et jouer l'arbre, devenir l'arbre. Nous pouvions osciller légèrement, laisser nos bras monter et descendre, bouger nos mains quand le vent les soulève, et puis nous pencher et toucher la terre. Nous sentirions le lâcher-prise. Nous deviendrions nous-mêmes un cercle. Ou bien nous pourrions dessiner l'arbre, le tronc sombre, les branches qui se rétrécissent à mesure qu'elles se rapprochent de la lumière, le feuillage clair. Si nous avons des crayons de couleur, le ciel bleu, les feuilles rougeâtres suspendues dans l'espace, la terre brune. Ce faisant, nous donnons toute notre attention à notre image. Nous entrons en elle.

C'est ce que Jung faisait, en notant ses visions dans le *Livre Rouge*. Il peignit beaucoup d'entre elles, dans d'étonnantes couleurs, lentement, avec soin, il leur donnait vie. Beaucoup d'entre nous connaissent les brillantes peintures pleine page illustrant les images intérieures, dans le *Liber Secundus*. Permettez-moi d'en mentionner une moins connue, un dessin plus petit, plus ancien, dans le *Liber Primus*. En tête de la première page, écrite en lettres gothiques latines et allemandes, on voit un D majuscule, derrière lequel se trouve un paysage. Dans la partie supérieure du tableau, Jung a peint les toits d'une ville, un clocher d'église, les montagnes, les nuages et un ciel d'un grand bleu. Dans la partie inférieure, il a peint un bateau et un monde sous-marin, deux grands poissons, toutes sortes de vie marine. L'esprit des profondeurs appelle Jung à descendre dans l'inconscient, dans le monde souterrain. À laisser derrière lui l'esprit de ce temps et la ville animée où il vit, toujours occupé par la recherche, les conférences, les collègues, les étudiants et les patients. Deux mondes opposés. Deux esprits opposés.

En prenait le temps de peindre de près les deux mondes où il se trouvait au début de son voyage, Jung libérait son esprit pour entrer dans la vision. Nous pouvons l'imaginer en train d'écouter l'esprit de ce temps, qui lui dit de rester dans le monde du dessus, où il est connu et applaudi, tandis que l'esprit des profondeurs l'invite à descendre dans le monde du dessous, dans son inconscient.

Très peu d'entre nous peuvent même commencer à approcher le talent artistique de Jung, mais nous pouvons dessiner nos images simplement avec un crayon dans notre journal. Ce faisant, nous apaisons les mille pensées qui nous traversent l'esprit et nous entrons dans le monde de l'image. Souvent dans mon journal, après avoir écrit sur quelque chose que j'ai vu, le plus souvent dans le monde naturel, j'en dessine l'image dans la marge. Je crayonne lentement en différentes

*L'arbre se penche vers le sol*

nuances de gris. C'est un exercice d'imagination active. J'entre dans l'image et j'en tire un enseignement.

Voici un de mes dessins de l'arbre avec lequel j'ai dialogué dans mon journal. Il ressemble à peine à un arbre, mais quand j'y reviens, je vois les racines, quelques branches, dont les feuilles sont prêtes à tomber. Je vois que l'arbre se penche vers le sol et forme un cercle.

Le dessin me montre le continuum, des racines aux feuilles et des feuilles aux racines. La vie est un continuum. L'énergie passe à travers elle. Je me sens renforcée et renouvelée. Un arbre s'incline vers le sol.

Une autre façon de vous investir dans votre image de façon créative est de la dessiner dans un mandala. Dessiner des mandalas est une pratique qui nous recentre et conduit à la plénitude. Mandala est un mot sanskrit qui signifie cercle, le symbole du cosmos dans sa totalité. Dans un ouvrage ultérieur, *Des Archétypes de l'inconscient collectif*, Jung explique l'importance qu'il accorde au mandala.

« L'universalité du mandala réside dans son unique constante : le principe du centre, source de toute énergie créatrice. Au centre, tout est un. Qu'il apparaisse dans une étoile, une rose ou un être humain, il y a communion cosmique […] Il y a le mouvement de la naissance, depuis le centre vers un monde de différenciation créatrice. Ensuite, c'est le mouvement de retour vers l'unité du centre et le potentiel d'une nouvelle vie. » (Jung 1950)

Quand nous regardons un mandala, notre attention est attirée vers le centre, puis vers l'extérieur. Et puis de nouveau au centre. Nous ne pouvons pas continuer à regarder le centre. Quand on regarde vers l'extérieur, le monde est différencié. Nous sommes donc poussés à revenir vers le centre, où tout est un. C'est le même mouvement avec la respiration. Nous ne pouvons pas continuer à inspirer : nous devons expirer. Et puis inspirer à nouveau. Le principe du centre. Le rythme de la création.

Les premiers mandalas remontent au paléolithique ; ce sont des cercles concentriques, des roues solaires, taillés dans les falaises du Transvaal, en Afrique du Sud, qu'on date d'environ soixante mille ans. Dans le bouddhisme tibétain, le mandala est une représentation circulaire du cosmos dans sa connexion avec les pouvoirs divins. Utilisé comme objet de méditation, il conduit à faire un avec le monde. Hildegarde de Bingen, abbesse, mystique, théologienne, guérisseuse, musicienne du XIIe siècle, dessina plusieurs de ses visions dans de beaux mandalas, les gravant sur des tablettes de cire. Deux siècles plus tard, les rosaces des cathédrales gothiques furent conçues pour élever l'âme et se rapprocher du divin. Dans la tradition amérindienne, les mandalas de sables colorés sont encore utilisés aujourd'hui pour la guérison. Dans toutes les traditions, le mandala représente la recherche de la plénitude.

Jung (2009, p. 626) dessina son premier mandala en 1916 ; il l'intitula *Systema munditotius* (Le Système du monde entier). C'est une description très détaillée de l'univers, qui lui vint dans une vision que je développe au chapitre 8. Au cours des années suivantes, il peignit de nombreux mandalas, dont beaucoup apparaissent dans le *Livre Rouge*. Submergé par moments par le flot de visions inondant son imagination, il se tournait inconsciemment vers le dessin de mandalas pour rétablir l'équilibre et l'ordre en lui.

Arrêtons-nous sur l'un d'entre eux, figurant au *Liber Secundus* ; il illustre ses efforts pour imposer une sorte d'ordre au chaos qui l'entoure. Les mots suivants accompagnent le tableau : « J'acceptai le chaos, et la nuit suivante, mon âme vint à moi. » (Ibid., p. 383) Il a dessiné ce magnifique mandala ; au centre, une étoile lumineuse irradie vers l'extérieur, au-delà des deux cercles qui l'entourent, dans les quatre directions de la croix, nord, sud, est et ouest. Et l'ensemble est protégé par deux cercles en périphérie. Jung peint ici une image d'harmonie présidant au chaos.

Jung (1962, p. 228) appelait ses mandalas des « cryptogrammes », ce qui montre son état d'esprit lorsqu'il les créait. Jung en vint à comprendre, en dessinant et peignant ses mandalas, que tous les chemins qu'il avait suivis le ramenaient au milieu, au centre. Tous les pas que nous faisons, tous nos rêves, nos souvenirs, nos réflexions nous conduisent au centre de notre être.

Jung était doué de tant de manières étonnantes. Ses peintures sont admirables. L'humilité nous retient même de pouvoir suivre son exemple. Tentons-le cependant. Dans mon journal, je suis souvent amenée à dessiner l'image que j'écris – une image de mon environnement, d'un rêve ou d'un souvenir, ou qui provient de mon imagination – et à la placer dans un

*Mon âme vint à moi*, C. G. Jung
(Image 107, *Le Livre Rouge*)

mandala. Mes journaux contiennent de nombreux petits mandalas, dessinés lentement au crayon. Je trace un cercle de trois ou quatre centimètres de circonférence. Puis un cercle plus petit au milieu. Je dessine l'image le plus souvent au centre, mais parfois je la laisse entourer le centre. Et je donne un titre au mandala. En les nommant ainsi, je les honore. Je leur donne vie.

En voici un que j'ai dessiné lors d'un atelier à la Jung Society à Washington, D.C. C'était le printemps, et j'étais émerveillée devant les cornouillers en fleurs. Nous n'avons pas beaucoup de cornouillers en Suisse. En avril, ils sont magnifiques sur la côte Est. La fleur de cornouiller que j'ai dessinée était blanche. En dessinant les quatre pétales, dont l'un est plus long que les trois autres, je me suis souvenu de la légende selon laquelle le Christ avait été crucifié sur du bois de cornouiller. Les pétales forment une croix, et le rouge foncé à leur extrémité, rappelle le sang versé ; les graines au centre représentent la couronne d'épines. Je voyais la lumière irradier, depuis le centre très sombre, dans les quatre directions de la croix, nord, sud, est, ouest. Quand je fermais les yeux, je pouvais voir tourner les quatre rayons de lumière.

Quand je regarde en arrière dans les pages de mes journaux, c'est souvent le dessin, le mandala, qui attire mon attention en premier. Je me souviens de ce vécu. Je ressens à nouveau l'émotion qui était la mienne quand je le dessinais. Jung écrit : « lorsqu'elle se charge d'affectivité, l'image acquiert de la numinosité (ou de l'énergie psychique). Elle devient dynamique » (Jung 1964, p. 96). Mes mandalas sont vivants. Ils me montrent où je me trouve, dans le voyage de ma vie vers la plénitude. Ce sont les itinéraires de l'âme.

Le dessin est souvent une manière très efficace d'imagination active. Il nous sort parfois de nos zones de confort. Cela fait taire notre esprit rationnel. Ce faisant, notre imagination a les mains libres.

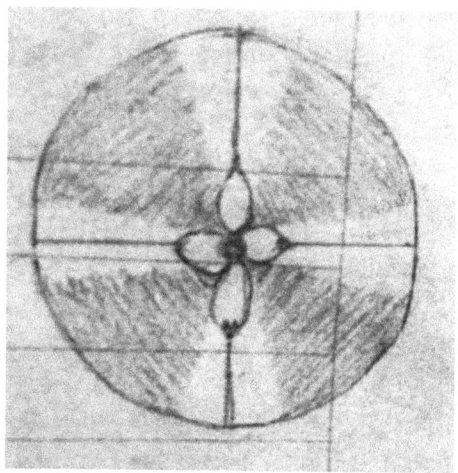

*Fleur de cornouiller*

Avant de passer à la lecture de deux auteurs contemporains et à la manière dont ils poursuivent leurs images, revenons à la nôtre et dessinons-la dans un mandala.

Voici une suggestion de dessin :
Prenez un morceau de papier et un crayon et tracez un cercle. Au centre, tracez un autre cercle, de la taille que vous souhaitez. Placez maintenant votre image là où vous le voulez et complétez le mandala. Vous peignez ainsi vers la plénitude.

### 4) Deux auteurs contemporains

Nous allons maintenant examiner comment deux écrivains contemporains poursuivent leurs images.

### Orhan Pamuk

Commençons par Orhan Pamuk (prix Nobel de littérature 2006). Dans son roman de 2002, *Neige*, couronné de nombreux prix, Pamuk poursuit l'image de la neige, depuis le titre et la toute première page. Le narrateur Ka, journaliste et poète, quitte Istanbul en bus pour traverser la Turquie, en direction de Kars, afin de couvrir une prétendue épidémie de suicides, mais en réalité pour retrouver un amour perdu et, espère-t-il, entendre à nouveau la voix de sa muse. Notez que le mot turc pour neige est *kar*. Ka va à Kars sous la neige (*kar*).

Dès la première page, Ka, parti d'Istanbul en bus pour Kars est pris dans une tempête de neige. Les flocons tombent de plus en plus lourds, isolant même Ka dans le bus.

« Le silence de la neige, voilà à quoi pensait l'homme assis dans l'autocar juste derrière le chauffeur […] S'il n'avait pas été fatigué par le chemin parcouru et avait prêté plus d'attention à la taille des flocons qui tombaient du ciel comme des plumes d'oiseaux, l'homme assis côté fenêtre aurait pressenti la forte tempête de neige qui allait survenir. » (Pamuk 2002, pp. 11-12)

Peu après son arrivée à Kars, le blizzard grandissant isole la ville du monde extérieur. Ka perd tout sens de lui-même sous les chutes de neige. Il ne sait plus ce qu'il fait dans ce monde. Un homme vit sa vie et puis tombe en morceaux. Comme un flocon de neige, lui aussi tomberait. Il se souvient de son enfance, de l'odeur particulière de son père quand il se rasait, de sa mère qui préparait le petit déjeuner, de ses pantoufles sur le sol froid de la cuisine.

« Il se souvint […] de tous ces petits riens qui font la vie, de l'ensemble de ces choses, du flocon.

« Ce faisant, Ka sentit le profond appel familier des vrais poètes qui ne peuvent être heureux dans la vie que dans les moments. Pour la première fois depuis quatre ans, un poème lui venait à l'esprit. » (Ibid., p. 105)

Ka se précipite dans la neige pour retourner à son hôtel. Il ouvre son cahier vert et écrit le poème tel qu'il lui était venu, mot après mot. Il intitule le poème *Neige*.

« Bien plus tard, en se rappelant les conditions dans lesquelles il avait écrit à Kars, il dessinerait un flocon de neige, représentation de sa vie. » (Ibid., p. 106)

Le roman continue, et le lecteur apprend que, dans son cahier, Ka a dessiné un flocon de neige, plaçant lentement les poèmes qu'il allait maintenant écrire autour des six points de sa forme hexagonale sous les trois axes : mémoire, logique et imagination. Un flocon de neige qui cartographie sa vie, un mandala hexagonal. Il a placé « moi, Ka » au centre. Le dessin est inclus dans le roman pour permettre au lecteur de découvrir et d'apprécier les symétries cachées que l'auteur cherche à révéler.

Un seul flocon de neige, une seule vie. Pamuk, en poursuivant de l'image de la neige, a réuni le monde physique visible d'un flocon de neige avec son propre monde spirituel invisible. Il a fait le pont entre les deux mondes.

### Terry Tempest Williams

Je me tourne vers un autre auteur contemporain, Terry Tempest Williams, écologiste, activiste sociale et brillante écrivaine. Dans son livre *When Women Were Birds - Fifty-four Variations on Voice*, Williams a cinquante-quatre ans, l'âge de sa mère à sa mort. Une semaine auparavant, elle s'était allongée sur le lit à côté de sa mère ; une couverture en mohair les couvrait. Sa mère était en train de mourir de la même façon qu'elle avait vécu, consciemment.

> « Je vous laisse tous mes journaux, » dit-elle, face à la fenêtre […] « Mais vous devez me promettre que vous ne les regarderez qu'après mon départ [...] »
> « Ils étaient exactement là où elle avait dit qu'ils seraient : trois étagères de beaux livres reliés […] J'ai ouvert le premier journal. Il était vide. J'ai ouvert le deuxième journal. Il était vide. J'ai ouvert le troisième. Elle aussi était vide […] étagère après étagère après étagère, tous les journaux de ma mère étaient vierges. » (Williams 2012, pp. 3-4)

Sa mère était mormone. Williams écrit que, dans la culture mormone, les femmes sont censées avoir des enfants et tenir un journal. Elle ne sait pas pourquoi sa mère a acheté cahier après cahier, année après année. Ni pourquoi elle n'a jamais écrit dans l'un d'entre eux et les lui a ensuite transmis. Le choc des pages blanches devenait une seconde mort.

> « Les journaux de ma mère sont des pierres tombales de papier. » (Ibid., p. 17)

Dès ces premières pages, Williams s'accroche à l'image des pages blanches des journaux de sa mère. Elle y écrit, non pas avec un stylo, mais un crayon, parce qu'elle aime l'idée d'effacer. Elle se rend compte que sa mère a été effacée. Après avoir ressenti d'abord les journaux comme des pierres tombales, Williams les imagine de nombreuses façons différentes, qui reflètent ainsi sa quête pour comprendre.

« Les journaux de ma mère représentent mon désir de savoir. » (Ibid., p. 25)

Le livre est une méditation sur la voix et le mystère des journaux de sa mère. Williams se demande ce qu'elle peut glaner dans les replis des journaux de sa mère. Elle cherche les détails omis afin de découvrir ce qui s'y trouve et ce qui n'y figure pas. Alors qu'elle poursuit l'image de la page blanche, elle poursuit la voix de sa mère et sa propre voix.

« Ma mère m'a donné ma voix en retenant la sienne, tant dans la vie que dans la mort [...] Je ne saurai jamais ce qu'elle essayait de me dire en ne me disant rien. Mais je peux l'imaginer. » (Ibid., pp. 150, 154)

Sa mère ne pouvait pas écrire dans ses journaux et rester fidèle à elle-même. Elle ne voulait pas faire de mal à ceux qu'elle aimait si on lisait ses journaux. Et dans la culture mormone, les femmes sont élevées pour croire que leurs journaux seront lus dans le futur.

« Les journaux de ma mère sont une prise de conscience. » (Ibid., p. 204)

Williams se demande comment elle va vivre. Elle veut ressentir à la fois la beauté et la douleur de l'époque dans laquelle elle vit. Elle veut être guidée par le chant des oiseaux. Quand les femmes étaient des oiseaux, on comprenait que chanter à l'aube, puis au crépuscule, c'était pour guérir le monde. Les oiseaux se souviennent encore que le monde doit être fêté.

« Les journaux de ma mère doivent être fêtés. » (Ibid., p. 206)

Williams est entrée dans l'image. Les pages blanches doivent être fêtées. En restant sur l'image des journaux de sa mère, Williams nous a transmis le cadeau que sa mère lui fit, le cadeau de l'amour.

Voici une suggestion d'écriture :
Revenez à votre image et écrivez dans votre journal la façon dont vous l'avez poursuivie – le dialogue, le dessin. Et ce que l'image vous a révélé. Ces courts écrits peuvent devenir des pages de votre Livre Rouge.

En conclusion, que cette leçon, « Poursuivre les images : l'imagination active », vous accompagne dans votre voyage de vie. Comme l'écrivait Jung : « Les années dont je vous ai parlé, pendant lesquelles j'étais tellement occupé par les images intérieures, ont été l'époque la plus importante de ma vie. Tout le reste en découle. » (Jung 2009, p. 7) Le socle du voyage de Jung vers la plénitude, c'était la poursuite de ses images intérieures. Qu'il en soit de même pour vous, à mesure que vous dressez l'itinéraire de votre propre voyage vers la plénitude.

## Chapitre 3

## *Explorer les rêves : écouter et écrire*

> « Le rêve est une porte étroite, dissimulée dans ce que l'âme a de plus obscur et de plus intime ; elle s'ouvre sur cette nuit originelle cosmique qui préformait l'âme bien avant l'existence de la conscience du moi et qui la perpétuera bien au-delà de ce qu'une conscience individuelle aura jamais atteint. »
> C. G. Jung (1933, p. 69)

Dans ce chapitre, nous examinerons comment les rêves sont au service de la plénitude. Comment ils ouvrent la porte à l'inconscient, faisant le pont entre le monde physique et le monde onirique. Ce faisant, les rêves révèlent l'unité fondamentale de la psyché et de la création, de l'âme et du corps. C. G. Jung nous exhorte à passer la porte de nos rêves. En tant qu'aperçus de notre psyché, ils nous montrent où nous en sommes dans le parcours de notre vie. Quelle est l'histoire de notre vie ? C'est la question que Jung [nous] pose : « Quel est le mythe que tu vis ? » (Jung 1911, p. 35)

Nous verrons comment les rêves ont été écoutés au cours de l'histoire, puis comment Jung a pris en compte son rêve de Liverpool qu'il intitula « Fenêtre sur l'éternité ». Comment pouvons-nous suivre son exemple ? Je proposerai des étapes pour nous aider à explorer nos propres rêves. Nous consulterons des extraits d'ouvrages d'auteurs contemporains qui ont écrit en se servant de leurs rêves. Le chapitre se termine par la suggestion d'utiliser nos propres rêves pour trouver l'histoire de notre vie et en écrire les pages.

## 1) Rêves et leurs interprétations à travers les âges

Depuis l'aube de l'histoire, les rêves ont intrigué l'humanité. Les rêves connus les plus anciens remontent à environ 3200 av. J.-C. Ils ont d'abord été traduits en images, puis en écriture cunéiforme, sur des tablettes d'argile, en Mésopotamie. On considérait que les rêves étaient envoyés par les dieux. Des prêtres interprétaient les rêves, prédisant l'avenir du rêveur. On trouve ainsi la trace du premier rêve de Gilgamesh, qui annonçait l'arrivée d'Enkidu, lequel allait devenir son compagnon. Gilgamesh était le roi semi-mythique d'Uruk vers 2500 av. J.-C. Il est intéressant de noter, pour notre étude du *Livre Rouge*, que Jung donna à Gilgamesh le nom d'Izdubar, nom utilisé dans la première édition en anglais de cette épopée, en 1872 – à l'époque, le cunéiforme restait difficile à déchiffrer. La rencontre de Jung avec Izdubar sera traitée au chapitre 7.

Les pharaons d'Égypte se préoccupaient également des rêves, les utilisant pour prédire tant la bonne que la mauvaise fortune. Les temples des rêves étaient consacrés à Sérapis, le dieu égyptien des rêves. À Memphis, le plus ancien temple des rêves date de 3000 avant J.-C. On suivait des rituels de purification et de jeûne, avec des prières et des chants. Des interprètes professionnels de rêve résidaient dans les temples. Une tablette d'argile a été trouvée qui porte le message suivant : « J'interprète les rêves, ayant le mandat des dieux pour le faire. Bonne chance. L'interprète ici présent est crétois. » Une très précoce carte de visite pour un analyste de rêves !

Dans le judaïsme, les rêves occupent une place importante dans l'*Ancien Testament*. Les Hébreux reliaient leurs rêves à leur religion, ils croyaient que les rêves étaient la voix de leur Dieu unique. La *Genèse* (28 : 12-15) décrit le songe de Jacob, où, seul au sommet d'une colline, il dort la tête sur une pierre et voit des anges monter et descendre par une échelle. L'Éternel se tient près de lui : « Voici que je suis avec toi. » Jacob se lève de bon matin, dresse la pierre pour en faire une stèle et verse de l'huile sur son sommet. Il nomme le site Béthel, la maison de Dieu.

Joseph, le onzième fils de Jacob, eut le rêve suivant, qu'il raconta à ses frères. « Écoutez donc, leur dit-il, le songe que j'ai eu. Nous étions en train de lier des gerbes au milieu des champs, et voici que ma gerbe se dressa et resta debout. Alors vos gerbes l'ont entourée et se sont prosternées devant ma gerbe. » (*Genèse* 37 : 6-7) Il est évident que ses frères n'apprécièrent pas le rêve de Joseph. Et en effet, ils le vendirent comme esclave. Mais il prit son essor jusqu'à devenir vice-roi d'Égypte, et ses frères vinrent se prosterner devant lui.

Dans le *Nouveau Testament*, les rêves étaient aussi considérés comme prophétiques. On y trouve les quatre rêves de Joseph, le fiancé et époux de Marie, dans l'évangile de Matthieu (1-20). Dans le premier, il est dit à Joseph de ne pas avoir peur de prendre Marie pour épouse, car l'enfant qu'elle a conçu vient du Saint-Esprit. Ensuite, on prévient Joseph : « Prends le petit enfant et sa mère, fuis en Égypte » (Matthieu 2-13), car Hérode cherche à faire périr l'enfant. Dans le troisième, il lui est dit de retourner en terre d'Israël « car ceux qui en voulaient à la vie du petit enfant sont morts » (Matthieu 2-19). Enfin, Joseph est averti de ne pas aller en Judée, aussi part-il pour la Galilée et s'installe à Nazareth (Matthieu 2-23).

Dans la Chine antique, les maîtres des écoles taoïstes considéraient les rêves comme des allégories de la condition humaine. On connaît la célèbre histoire de Tchouang-tseu (ou Zhuangzi), 350 av. J.-C., qui, après avoir rêvé du bonheur d'être un papillon, se réveille et ne sait plus s'il est un papillon ou un homme. « Mais il ne savait pas s'il était Zhuangzi qui avait rêvé qu'il était un papillon, ou un papillon qui rêvait qu'il était Zhuangzi[4]. »

De même selon les croyances indiennes, dans les Upanishad, il est écrit que les rêves comblent le vide entre le savoir intérieur et le savoir extérieur. En 544 av. J.-C., la mère de Bouddha, la reine Maya, rêvait que son lit était transporté par quatre rois sur un haut sommet de l'Himalaya, où quatre reines l'ornaient de bijoux et l'amenaient dans un palais doré. Un éléphant blanc apparut et une défense d'ivoire luisante pénétra son flanc, sans qu'elle en souffre. Elle se réveilla au chant d'un oiseau bleu et réalisa qu'elle avait conçu, immaculée. Son rêve signifiait, d'après ses interprètes, que son enfant deviendrait le roi du monde entier.

Dans la Grèce antique, comme en Égypte, les gens se sont tournés vers les rêves pour trouver des remèdes et pour prédire l'avenir. Les temples de guérison étaient dédiés au dieu grec de la médecine, Asclépios, né d'un père divin Apollon et d'une mère mortelle, Coronis, et élevé par le centaure Chiron. On y pratiquait l'incubation des rêves et la guérison : les patients dormaient la nuit et rapportaient leurs rêves aux prêtres le jour suivant. Le temple le plus célèbre fut construit au Ve siècle av. J.-C. à Épidaure. Au milieu du temple se trouvait le puits sacré où l'on gardait les serpents non venimeux utilisés dans les rituels de guérison. Chaque nuit, quand les lampes avaient été éteintes, les rêveurs écoutaient ces paroles : « Dors maintenant, rêve maintenant, rêve le rêve du Dieu guérisseur, le Dieu qui viendra dans la nuit. Dors maintenant, rêve maintenant. » Ces mots ont retenti tout au long des siècles et nous pouvons encore les réciter aujourd'hui.

---

[4] Tchouang-tseu, *Zhuangzi*, chapitre II, « *Discours sur l'identité des choses* ».

Par la suite, les rêves continuèrent d'être considérés comme une source de guérison et d'enseignement. Synésios de Cyrène, évêque grec né en Libye, au V$^e$ siècle de notre ère, est l'auteur du livre *Des songes*, qui reste peut-être l'étude la plus approfondie des rêves avant les travaux modernes de Freud et Jung. Pour aider une personne à découvrir la relation entre ce qu'il a vécu et ce qu'il a rêvé, Synésios fut le premier à encourager les gens à tenir un journal de leurs rêves.

Ceci nous amène à l'Islam et à l'an 620 de notre ère, lorsque Mahomet reçut dans un rêve sa mission divine. Dans son célèbre *Voyage nocturne* (*Coran*, sourate 17), il a voyagé sur une jument blanche d'abord à Jérusalem, puis aux cieux. Guidé par l'ange Gabriel, il entra dans la Maison de l'adoration, et ils s'approchèrent ensemble du trône d'Allah. Allah donna des instructions à Mahomet au sujet de la prière, pour qu'il les rapporte aux fidèles. Ils devaient prier cinq fois chaque jour. Une grande partie du *Coran* a été révélée à Mahomet dans ses rêves au cours des années qui ont suivi. Le matin, il partageait ses rêves avec ses disciples et leur posait des questions sur les leurs.

Dans l'Église catholique, au Moyen Âge, un rêve fit basculer la vie de François d'Assise. Né dans une riche famille au XIII$^e$ siècle, il aspirait à devenir chevalier et à trouver la gloire sur les champs de bataille. En route vers Rome pour rejoindre les armées papales, il s'arrêta à Spolète pour la nuit. Dans son sommeil, Dieu lui parla. « Qui peut faire plus pour toi, le maître ou le serviteur ? » François répondit : « Le maître, bien sûr. » Et Dieu rétorqua : « Alors pourquoi abandonnes-tu le maître pour le serviteur ? » Dieu lui ordonna de rentrer chez lui, c'est là que l'on lui révèlerait ce qu'il devait faire. C'est par suite de son rêve que François devint chevalier du Christ.

Au cours des derniers siècles du Moyen-Âge, les démons et les diables devinrent une préoccupation obsessionnelle pour l'Église catholique et ses fidèles. Thomas d'Aquin mit en garde contre les démons dans les rêves. Et Luther alla jusqu'à prier Dieu de ne pas se souvenir de ses rêves. Les rêves étaient associés au satanisme et à la sorcellerie. Beaucoup de chrétiens croyaient que les humains pouvaient faire des pactes avec le diable et vendre leur âme pour des richesses. Un maître d'école allemand du nom de Faust, qui vivait dans les années 1500, signa un tel pacte.

Nous arrivons au siècle de la raison, le XVII$^e$ siècle, et aux philosophes Locke et Descartes. Descartes présenta son argument du rêve pour prouver que les sens n'étaient pas dignes de confiance. Descartes et ses disciples soutenaient que la vraie connaissance ne vient que par la stricte utilisation de la raison. Au XVIII$^e$ siècle, le Siècle des Lumières, la rigueur scientifique était le maître-mot. On se méfiait de tout ce qui ne pouvait être matériellement prouvé. La méfiance se prolongea jusqu'au XIX$^e$ siècle, avec la conviction que les rêves n'avaient aucun signification réelle ni véritable portée.

C'est Freud (1856-1939) qui, avec son livre *L'Interprétation des rêves*, publié en 1900, rappela l'importance des rêves après tant de siècles de désintérêt. Il considérait que les rêves viennent de notre inconscient, reflétant nos désirs et nos angoisses les plus profonds, souvent liés aux expériences de la petite enfance. Il expliquait que « l'interprétation des rêves est la voie royale qui mène à la connaissance de l'inconscient dans la vie psychique » (Freud 1900, p. 517). On appelle Freud le père de la psychanalyse, l'étude du niveau inconscient de la psyché.

C. G. Jung (1875-1961), son collègue, puis son rival, élargit la théorie freudienne de l'inconscient, voyant en lui non seulement l'inconscient personnel mais aussi, à un niveau plus profond, l'inconscient collectif, notre patrimoine commun de mythes, de folklore et d'images oniriques. Il définit le rêve comme « une porte étroite, dissimulée dans ce que l'âme a de plus obscur et de plus intime ; elle s'ouvre sur cette nuit originelle cosmique » de l'inconscient (Jung 1933, p. 69). De ces recoins intimes, les rêves offrent des révélations concernant à la fois l'expérience vécue par le rêveur et le mystère de l'existence humaine.

Ces deux hommes ont apporté au monde de la psychologie le statut scientifique nécessaire pour établir l'existence de l'inconscient, l'importance des rêves et la valeur de la psychanalyse. De nos jours, les rêves et la rêverie sont reconnus comme des messagers de l'inconscient. Robert Johnson, dans l'introduction de son livre *We*, indique qu'en apprenant le langage symbolique des rêves, une personne apprend à voir ce qui se passe à un niveau inconscient et ce qu'il y a lieu d'en faire.

Nous rêvons tous. Robert Bosnak affirme, dans *Tracks in the Wilderness of Dreaming* : « Selon les recherches antérieures, nous passons sept ans de notre vie dans un état permanent de rêve, dans la permanente création de ce monde. Et si les recherches actuelles sont exactes, alors ce sont vingt années que nous passons dans cet état de rêve, où l'on crée monde après monde. » Vingt ans de notre vie. Même sept. Comment ne pas prêter attention à nos rêves ?

Comment le faire ? Comment écouter nos rêves ? Voyons d'abord comment Jung s'y est pris. Comment il a écouté son rêve *La fenêtre sur l'éternité* et compris le langage symbolique du rêve.

### 2) Le rêve de Jung *La fenêtre sur l'éternité*

C'est en 1927 que Jung a noté le rêve suivant qui devait confirmer ses idées sur le centre et le soi. C'était et c'est toujours une illustration d'une grande découverte de Jung.

« Je me trouvais dans une ville sale, noire de suie. Il pleuvait et il faisait sombre, ; c'était une nuit d'hiver. C'était Liverpool. Avec un certain nombre de Suisses, disons une demi-douzaine, nous allions dans les rues sombres […] Nous trouvâmes une large place faiblement éclairée par des réverbères, sur laquelle débouchaient beaucoup de rues […] Au milieu se trouvait un petit étang au centre duquel il y avait une petite île. Alors que tout se trouvait plongé dans la pluie, le brouillard, la fumée, et que régnait une nuit faiblement éclairée, l'îlot resplendissait dans la lumière du soleil. Un seul arbre y poussait, un magnolia, inondé de fleurs rougeâtres. C'était comme si l'arbre se fût tenu dans la lumière du soleil et comme s'il eût été en même temps lumière lui-même […] J'étais transporté par la beauté de l'arbre en fleur et de l'île baignant dans le soleil. » (Jung 1962, p. 230)

Dans son commentaire à la suite du rêve, Jung signale que « chacun des quartiers de la ville était à son tour construit en étoile autour d'un centre. Celui-ci formait une placette dégagée […] et l'ensemble constituait ainsi une réplique en plus petit de l'île. » (Ibid.) Cette disposition radiale était importante pour lui, elle représentait l'attraction du point central.

Le rêve illustrait sa situation d'alors. Il pouvait encore voir les imperméables gris-jaune luisants d'humidité de ses collègues suisses. « Tout était on ne peut plus déplaisant, noir, et imperméable au regard » (Ibid., pp. 230-231), ce qui reflète ce qu'il ressentait à ce moment-là. Abattu, déprimé, désorienté. Mais il avait eu cette « vision de la beauté surnaturelle et c'était elle qui me donnait le courage même de vivre.

*La fenêtre sur l'éternité*
(Jung 2009, image 159, et 1929, p. 93)

Liverpool est *the pool of life*, "l'étang de la vie" » (Ibid., p. 231). Il y aurait un renouvellement de l'énergie vitale. Le rêve apporta avec lui le sentiment de quelque chose de définitif. Jung vit qu'il avait atteint le centre. Il comprit que le but y était exprimé. « Ce but, c'est le centre : il faut en passer par là. » (Ibid.) Au centre se trouve l'archétype du sens. Jung appela cet archétype le Soi. Le rêve confirmait le développement de sa pensée au cours des années où il travaillait sur *Le Livre Rouge*. Il pouvait maintenant affirmer que « le but du développement psychique est le Soi. Vers celui-ci il n'existe point de développement linéaire, mais seulement une approche circulaire, "circumambulatoire". » (Ibid., p. 229)

Ce rêve satisfaisait entièrement Jung, car il donnait une image globale de sa situation. « Sans une telle vision, j'aurais peut-être perdu mon orientation. [...] quand survient alors un pareil rêve, on le ressent comme un acte de grâce. » (Ibid., p. 231) En étant attentif au langage symbolique de son rêve, il fut libéré de ses pensées dépressives, de l'obscurité des rues de Liverpool, par la lumière brillante du magnolia. Le magnolia fleuri était une image du Divin. Jung dessina la fleur au centre d'un de ses derniers mandalas, en 1928. Il l'intitula « La fenêtre sur l'éternité ».

Nous pouvons voir les rues menant au centre du mandala, au centre de Liverpool. Nous pouvons voir les lumières blafardes des lampadaires et la place sombre au milieu de la ville, l'étang rond et, exactement au centre, le magnolia en fleur, éclairé de l'intérieur et de l'extérieur. Quand nous regardons le mandala, nous entrons un instant dans le centre, la fleur, dans l'éternité. Nous ne faisons qu'un avec nous-même.

Des années plus tard, en écrivant sur le processus créatif, Jung a parlé de modeler une image pour en faire une œuvre achevée. « Le façonnement de l'image primitive est, en quelque sorte, une traduction dans la langue du présent, traduction par laquelle chacun devient capable de retrouver l'accès aux sources les plus profondes de la vie. » (Jung 1922, p. 378) En peignant son rêve dans un mandala, Jung avait trouvé son chemin pour remonter aux sources profondes de la vie, au centre.

Jung nous incite à regarder les images de nos rêves de cette même manière symbolique. Il nous invite à donner vie à nos images par l'imagination active que j'ai présentée au chapitre précédent. Les écouter, dialoguer avec elles, les dessiner. J'écris mes rêves dans mon journal, dans le même journal, pas dans un journal de rêves séparé. Je les vois comme faisant partie de ma vie unique. Je note mon rêve parfois au milieu de la nuit, et puis le matin j'écris quelques commentaires, ce qu'il pourrait me révéler. Je lui donne un titre. Je le fais lentement, en me demandant quelle est son essence. Et je laisse un peu d'espace pour plus de réflexions, quand je reviens au rêve et qu'il révèle encore plus de choses.

Voici une suggestion d'écriture :
Souvenons-nous d'un rêve. Quel rêve vous vient à l'esprit ? Un récent, ou un ancien. Écrivez-le tel que vous vous en souvenez. Si vous n'arrivez pas à vous souvenir d'un rêve, laissez-vous aller à la rêverie. Quelle image surgit ? Décrivez-la.

### 3) Étapes dans le travail du rêve

Comment écoutons-nous nos rêves ? Se souvenir du rêve est la première étape. Si nous essayons consciemment de nous souvenir de nos rêves, si nous avons crayon et papier sur notre table de chevet, si nous nous endormons en voulant nous en souvenir, alors nous nous en souviendrons. Si un rêve ou une image de rêve nous réveille, il nous faut l'écrire aussitôt. Même juste un fragment. Le matin, celui-ci nous ramènera au rêve. Ainsi, progressivement, nous commencerons à nous rappeler un peu plus nos rêves. Combien de fois nous réveillons-nous avec un souvenir, qui disparaît ensuite ? Il est parti. Nous devons apprivoiser nos rêves pour les garder avec nous. C'est comme avec un animal de compagnie. Apprivoisé, il vient plus volontiers près de nous.

Une fois que nous nous sommes souvenus d'un rêve et que nous l'avons écrit, la deuxième étape consiste à nous demander ce que nous en pensons. Nos impressions ouvrent des pistes sur la signification possible du rêve. Laissez-moi vous donner l'exemple d'un des rêves de mon livre *Looking for Gold*. D'abord, le rêve, intitulé « Grenouilles vertes », puis mon ressenti et mes pensées.

« Je suis entouré de petites grenouilles vertes, sautillant autour de moi avec bonheur, peut-être dix ou quinze. Je m'assois. Il y a moins de grenouilles, mais elles sont plus grandes. Elles se tiennent maintenant debout sur leurs pattes de derrière, me regardent et sautillent encore. J'essaie de les attraper. Chaque fois que j'en saisis une, une grenouille plus petite s'en échappe, ne laissant que la vieille peau dans mes mains. J'essaie de nouveau, mais de nouveau une grenouille en bondit, laissant la peau derrière elle. Et j'essaie encore.

« Quand je me suis réveillée, je m'efforçais encore de me concentrer sur l'une des grenouilles. Je pouvais les voir se pavaner, presque provoquantes […] C'était l'hiver, je me demandais pourquoi je rêvais de grenouilles. Les grenouilles sont du printemps. Quand j'étais petite fille, je vivais à la campagne près de New York dans une impasse que prolongeaient un marais et des champs. Au printemps, dans les herbes humides du marais, les rainettes chantaient, un chant strident que j'identifie toujours à mon enfance. » (Tiberghien 2007, pp. 83-85)

J'ai continué à écrire sur ce rêve, disant qu'il semblait très léger et sans importance, surtout à cette époque où je lisais le *Faust* de Goethe, publié par *Norton Critical Edition*, l'une des éditions les plus complètes, avec trois cents pages de vers et trois cents autres pages de notes. J'étais clairement en train d'être envahie par Faust, par son pari avec Méphistophélès. Je voulais descendre avec lui dans le monde souterrain. Quand je suis allée voir mon analyste cette semaine-là, je ne voulais pas parler de mon rêve idiot, mais plutôt partager ma lecture de *Faust*. Keller, mon analyste, n'était pas impressionné. Il hocha la tête et demanda : « Et un rêve ? »

Je m'arrête un instant dans mon récit pour souligner l'importance de cette deuxième étape du travail du rêve : le ressenti. Qu'est-ce que je pensais de mon rêve ? J'étais frustrée, je n'arrivais pas à attraper une grenouille. Elles se moquaient de moi. James Hillman a écrit dans *The Dream and the Underworld* : « Ce n'est pas ce qu'on dit du rêve après le rêve, mais comment on l'a vécu ensuite. » (Hillman 1979, p. 122) Pour le vivre à nouveau, j'avais besoin de le ressentir à nouveau. Au lieu de cela, je voulais l'oublier. J'avais à réfléchir sur des choses plus importantes. Keller me prouverait que j'avais tort.

Ceci nous amène à une troisième étape dans le travail du rêve : l'association. Quelles associations le rêve fait-il naître ? Mon rêve me ramenait à mon enfance, aux rainettes du marais au bout de la route où je vivais. Je pouvais les entendre. Et présentement, à ma lecture de *Faust*. À ce que j'avais en tête à ce moment-là. À mon désir d'affronter

Méphistophélès et de descendre dans le monde souterrain. Mais mon analyste n'y allait pas, il n'était pas intéressé, il voulait un rêve. Alors je racontai à Keller mon ridicule petit rêve. Son visage s'illumina immédiatement ; il ressemblait à l'une des grenouilles que je n'arrivais pas à attraper. Ou était-ce à Méphistophélès ? Je n'eus pas le temps de lui faire part de cette comparaison. « Regardez ces grenouilles », me dit-il, « qui sautent en l'air. Elles représentent la partie inconsciente de votre psyché. » (Tiberghien 2007, p. 85) Après avoir traité les associations, nous passions à un niveau plus profond. Les grenouilles me donnaient une leçon.

La quatrième étape concerne l'amplification. Traiter l'image du rêve sur un plan symbolique. L'étymologie du mot symbole est intéressante car il vient du mot grec *symbolon*, qui signifie joindre ce qui est séparé. Les anciens Grecs définissaient le *symbolon* comme un gage d'identification sous la forme d'un anneau, d'une tablette en argile ou d'une pièce de monnaie. Lorsque deux amis se quittaient, l'anneau ou la pièce de monnaie était brisée en deux, et chacun en prenait la moitié en souvenir de leur amitié. Lorsque l'ami revenait, l'anneau ou la pièce de monnaie était reconstitué, et l'amitié rétablie. Dans le travail du rêve, nous assemblons les deux moitiés de l'anneau. Au niveau symbolique, l'image onirique relie le monde visible à l'invisible. Nous unifions l'esprit conscient et l'inconscient.

Amplifier une image, c'est comme jeter un caillou dans l'eau. Lorsque le caillou heurte la surface, les vaguelettes circulaires se propagent vers l'extérieur. Ainsi, dans le travail du rêve, nous pouvons regarder les ondulations, et voir où l'image nous conduit. Nous pouvons nous tourner vers l'inconscient collectif pour trouver un mythe, un conte de fées, une chanson, une légende qui parle de cette image. Les grenouilles sont là, elles me narguent. Keller nous suggéra de penser à la pièce *Les grenouilles* d'Aristophane. Dans cette comédie, les grenouilles accompagnent Dionysos dans son voyage aux enfers à la recherche d'un poète mort. Sa ville languit sans poètes vivants. Je n'avais pas besoin d'attraper une de mes grenouilles. J'avais plutôt besoin de m'asseoir et de les laisser me montrer comment vivre à la fois dans l'esprit conscient et dans l'inconscient. Elles étaient là pour m'accompagner dans l'inconscient. Elles étaient les images d'une nouvelle créativité qui attendait de naître.

Après avoir écrit le rêve, pensé aux sentiments, aux associations, à l'amplification, j'appelle animation la cinquième étape dans le travail du rêve. C'est découvrir une façon de garder vivant le rêve. L'écrire dans son journal, le dessiner, en trouver une représentation physique. J'ai essayé de dessiner une des grenouilles, mais c'était au-delà de mes capacités. J'ai trouvé, à la place, une petite grenouille en céramique vert foncé et je l'ai mise sur ma table de cuisine. Quand mes petits-enfants ont appris mon amour des grenouilles, ils ont commencé à m'offrir toutes sortes de grenouilles – en céramique, en verre, en bronze, des petites, des grandes, des Zen, des grenouilles enceintes, même une grand-mère. Notre maison en est remplie. Toutes me rappellent de m'asseoir et de les regarder. En voici une qu'un de mes petits-fils m'a donnée, du temps où il étudiait en Chine. Elle est vert pâle et, posée sur mon bureau, elle me regarde.

Récapitulons les cinq étapes suggérées pour travailler sur un rêve.

Souvenez-vous de votre rêve. Écrivez-le.
Quel était votre ressenti à propos du rêve ?
Quelles associations pouvez-vous faire ?
Quelle amplification pouvez-vous découvrir ?
Quelle animation pouvez-vous créer pour garder le rêve vivant ?

*Grenouille verte de Chine*

Jung a écrit que nous travaillons avec des images de rêve de la même manière que la nature laisse pousser les plantes. « Un chef-d'œuvre est comme un rêve, qui, en dépit de toutes ses manifestations, ne s'interprète jamais de lui-même […] Le rêve livre une image, comme la nature une plante, qu'elle a fait pousser. » (Jung 1930, p. 351) Il est bon de se rappeler comment les plantes poussent. Elles sont plantées dans le sol, dans l'obscurité. Ensuite, pour croître, elles ont besoin à la fois d'eau et de soleil. Sinon, elles meurent. Avec trop d'eau, elles perdent leurs feuilles, leurs tiges se flétrissent. Avec trop de soleil, leurs feuilles se dessèchent, leurs tiges dépérissent. Nous devons traiter nos rêves comme des plantes, aller dans l'obscurité – l'inconscient – pour les écouter et travailler avec eux. Les arroser de notre attention et les nourrir de notre créativité. Et de ne pas leur donner trop de soleil cérébral !

Avant de passer à la section suivante, pensez au rêve que vous avez écrit et à la façon de travailler avec lui. Commencez avec votre ressenti. Ramenez le rêve à la vie.

Voici une suggestion d'écriture :
Relisez votre rêve et réfléchissez aux différentes étapes. Quel est votre ressenti ? Est-ce que cela évoque des associations ? Écrivez quelques commentaires.

### 4) Écrire à partir de ses rêves

Nous avons écouté les rêves ; passons maintenant à l'écriture à partir d'eux. Comment rédiger des histoires de vie à partir d'un rêve ? À mesure que les rêves nous entraînent plus profondément dans notre imaginaire, nous commençons à construire leur histoire. Nous pouvons l'écrire de multiples façons : journal, essai personnel, page d'un mémoire, nouvelle, roman, conte populaire ou fable, poème en vers ou en prose. Dans *Looking for Gold*, j'ai décrit plusieurs des rêves que j'ai faits pendant ma première année d'analyse. Chaque chapitre commence par un rêve ; l'un d'eux portait sur mes grenouilles vertes. D'autres images concernaient un chat à la porte, de l'eau trouble, une sorcière dans la cour, un érable, des moulins à vent et des porcs, un numéro de trapèze, des pièces d'or. Les rêves sont devenus les chapitres de mon mémoire, suivis de la façon dont je les avais revécus, comment ils avaient ouvert la voie à une rencontre avec l'inconscient.

Le livre lui-même provenait d'un rêve. Je me trouvais à une conférence d'écrivains pour l'*International Women's Writing Guild* dans le nord de l'État de New York. Je venais de terminer une année d'analyse jungienne et je parlais avec enthousiasme à d'autres écrivains de là où cela m'avait amené. Je me suis réveillée au milieu de la nuit avec, clairs dans mon esprit, le titre et les chapitres de ce livre. Je l'appellerais *Looking for Gold*. L'or alchimique à l'intérieur de soi. Chaque chapitre traiterait d'une image de rêve. Je n'avais jamais envisagé d'écrire des ouvrages de non-fiction. J'étais en train d'écrire un roman. Mais voilà. Un livre sur mon analyse et comment celle-ci avait stimulé ma créativité. J'ai décrit le rêve avant de me rendormir. Je l'ai toujours dans mes carnets. Confirmation que de tels rêves se produisent.

De retour à Genève, je présentai l'idée à Keller. Il dit : « Allez-y. » Alors, pendant une année, j'ai écrit sur mes rêves. Était-ce de la fiction ou non ? Certes, les rêves, l'analyse, les expériences vécues ont été les miens, c'était donc non fictionnel. Mais en même temps, c'était tellement comme je l'avais imaginé que c'était aussi de la fiction, d'une façon qu'Hermès, le dieu fripon, pourrait bien reconnaître. Je remis le manuscrit à Keller, pour qu'il le lise. Quand il me le rendit, il déclara : « Si vous aviez demandé à votre inconscient une bonne histoire, il n'aurait pas pu vous en fournir une meilleure. »

D'autres écrivains ont écrit à partir de leurs rêves. Je me tourne vers le livre *Writers Dreaming*.

## Writers Dreaming

Dans ce livre, l'éditrice Naomi Epel interroge des écrivains sur le rôle des rêves dans leur travail et les laisse parler d'eux-mêmes. Epel s'intéressait à l'écriture des rêves et animait des ateliers pour aider les gens à puiser dans leur créativité cachée. Quand elle commença à interroger des écrivains sur leurs rêves, elle n'avait aucune idée qu'un livre en sortirait. S'ensuivirent des conversations fascinantes. Mais ce n'est que lorsqu'elle fit elle-même un rêve que le projet d'un livre émergea et devint réalité.

Dans ce rêve, Epel, postée sur le pas d'une porte, regarde un artiste qui travaille dans une pièce au sous-sol. D'une certaine façon, elle sait qu'il ne veut pas qu'on le dérange. Mais elle sait aussi que, si elle demeure silencieuse, il la laissera rester. En racontant le rêve à une amie le lendemain matin, elle se retrouva en larmes. Elle avait expérimenté à quel point c'était bon d'être juste silencieuse et de regarder l'artiste. Elle s'était rendu compte que le rêve lui disait d'arrêter tout son travail et ses activités. De rester silencieuse et d'écouter l'artiste dans son sous-sol. C'est ainsi que son artiste intérieur l'a prise par la main et l'a amenée à composer *Writers Dreaming*.

Son introduction part de cette description de la façon dont William Styron a rêvé du début de son livre *Le Choix de Sophie*.

> « Un matin du printemps 1974, William Styron se réveille avec l'image lancinante d'une femme qu'il avait connue vers ses vingt ans. Il pouvait la voir debout dans un couloir, les bras chargés de livres et les chiffres bleus d'un tatouage visibles sous sa manche. Soudain, il sut qu'il était temps de raconter l'histoire de cette femme. Il se rendit directement à son bureau et écrivit les premiers paragraphes de ce qui allait devenir *Le Choix de Sophie*. » (Epel 1994, p. 1)

Styron, dans l'une des dernières interviews d'Epel, explique qu'il s'était épuisé sur un livre qu'il n'arrivait pas à faire tenir debout. Il était de plus en plus contrarié par le fait que son écriture ne progressait pas bien. Puis un matin, il s'était réveillé avec cette vision lancinante, mélange d'un rêve et du souvenir conscient de cette fille nommée Sophie. C'était si puissant qu'il savait qu'il allait abandonner l'autre livre et écrire l'histoire de Sophie.

Une image de rêve menait à une histoire. Cette expérience se répète tout au long des pages de *Writers Dreaming* alors que les différents auteurs décrivent comment leurs rêves ouvrent les portes du monde de leur imagination. En racontant la façon dont ils transforment leurs rêves en art, les écrivains donnent un aperçu de leur processus créatif et de l'art d'écrire. Ces aperçus révèlent le rôle de leur artiste intérieur.

Passons maintenant à trois des auteurs que Naomi Epel a interviewés : Maya Angelou, Stephen King et Reynold Price – et à leurs observations, écrites avec leurs propres mots.

**Maya Angelou**

Dans son interview, Maya Angelou parle d'un rêve qui l'a réjouie, un rêve qui signifiait que son écriture se passait bien ou qu'elle allait bien écrire. Elle rêve d'un bâtiment très haut, construit avec des échafaudages, des escaliers et des marches. Elle les grimpe avec ardeur, joie et rire. Elle n'arrête pas de grimper. Et elle note : « Je ne peux pas te dire à quel point c'est délicieux ! » Chaque fois qu'elle a ce rêve, elle sait que son travail va bien se passer durant les semaines à venir.

En ce qui concerne le rôle des rêves dans son processus créatif, Angelou écrit : « Les rêves peuvent dire toutes sortes de choses aux gens. Ils peuvent régler des problèmes. Surtout quand on écrit. » (Ibid, p. 30) Parfois, quand un écrivain est bloqué et hésite à donner une nouvelle profondeur à un personnage fictif, son cerveau lui dit : « Bon, vas-y, va dormir, je vais m'en occuper. Je vais te montrer. » Et le cerveau le fait, permettant au rêveur de faire des choses, de considérer des choses et d'aller dans des lieux que, dans la vie réelle, il ne ferait jamais.

À la fin de l'entretien, Angelou nous dit qu'il y a une phrase en Afrique de l'Ouest qu'on appelle 'conversation profonde' ; lorsqu'une personne découvre un problème, une personne plus âgée se servira souvent d'une parabole, et ajoutera 'Prends cela comme une conversation profonde.' Elle écrit que peut-être ne trouverez-vous jamais la réponse. « Les rêves peuvent être des conversations profondes. » (Ibid.)

## Stephen King

L'auteur Stephen King écrit : « J'ai pu utiliser les rêves dans mes histoires pour montrer des choses d'une manière symbolique, parce que je ne voudrais pas exprimer directement. » (Ibid., p. 134) Les rêves permettent aux esprits des individus d'expliquer, dans un langage symbolique, la nature de leurs expériences de vie, peut-être même d'illustrer, dans un langage symbolique, les réponses à leurs problèmes. Une partie de sa fonction d'écrivain est de rêver éveillé. King indique que s'il s'assoit le matin pour écrire, il a conscience qu'il écrit à son bureau au début et à la fin de la séance. Mais au milieu, le bureau et le monde autour de lui disparaissent, ils ne sont plus là, et il est capable de voir plus clairement, d'écrire plus clairement. Si vous êtes capable, écrit-il, de vous mettre dans cet état semi-rêveur, vous pouvez vous souvenir de choses que vous pensiez avoir oubliées. Pour King, l'imagination créative et le rêve sont si semblables qu'ils doivent être liés.

Il apprécie la vertu de cet état et la capacité d'y aller quand on est éveillé. C'est un peu comme trouver une porte secrète dans une pièce sans savoir comment on y est entré. Il ne se souvient pas de la première fois qu'il s'est trouvé dans cet état, sinon qu'il s'asseyait tous les jours pour écrire, à peu près à la même heure. Et cela « lui semble être une façon de dire à l'esprit : tu vas bientôt rêver. » (Ibid., p. 134)

## Reynold Price

Le poète Reynold Price a pris les rêves au sérieux presque toute sa vie. Dès l'enfance, il était conscient de ses rêves et les trouvait effrayants. À l'adolescence, il les considérait comme des indicateurs de sa vie psychique. Quand il se mit à écrire à plein temps, les rêves commencèrent à nourrir son travail. Parfois, lorsqu'il travaillait intensément sur un livre et sur un personnage en particulier, ses rêves semblaient plus concerner son personnage que lui. Il les transcrivait littéralement dans son livre comme venant du personnage.

Dans ses trois recueils de poésie, plusieurs poèmes ont pour titre le rêve de tel ou tel : *Le rêve d'une maison*, *Le Rêve de nourriture*, *Le Rêve de Lee*. Il s'agit chaque fois d'exemples de matins où il se réveillait avec un rêve fascinant, pas ennuyeux comme d'habitude, « mais c'était une histoire merveilleuse en soi, qu'à mon avis n'importe qui pourrait aimer lire. » (Ibid., p. 202) Il s'asseyait alors et l'écrivait comme un simple poème, voulant préserver la merveilleuse histoire amenée par le rêve.

Il termine son entretien en disant qu'il se tient au courant des dernières théories du sommeil et du rêve, mais qu'il est assez vieux jeu pour penser que bien souvent nos rêves sont des tentatives de notre cerveau pour nous communiquer une découverte. « Tu ferais mieux d'*arrêter* de faire ceci et cela ; ou tu ferais mieux de *faire* ceci et cela. » Et c'est ainsi qu'un de ses vieux rêves, dix ans avant son opération, lui révéla que son cerveau s'était aperçu de son cancer, bien avant que le médecin ne le détecte.

Il s'agit du rêve qu'il transforma en poème et l'intitula *Le rêve d'une maison*, sans penser que l'étrange histoire de trouver un cadavre humain accroché dans une penderie serait son plus sombre secret : il avait une tumeur maligne accrochée à sa colonne vertébrale. Confiné dans un fauteuil roulant, Reynold Price a continué à rêver et à écrire pendant les vingt-sept dernières années de sa vie.

Revenons à l'éditrice Naomi Epel qui, en explorant la manière dont ces écrivains transforment leurs rêves en art, met au jour les matières premières avec lesquelles ils créent leurs œuvres. Elle écrit dans l'introduction que son livre ne traite pas seulement de l'écriture, mais aussi des effets des rêves sur la vie personnelle d'un écrivain. En parlant de leurs rêves, ils révèlent leurs peurs, leurs désirs et leurs angoisses. Voici la fin de son introduction :

> « J'espère que cet aperçu intime des coulisses de l'esprit de ces écrivains sera à la fois éclairant et inspirant – et qu'il vous donnera de nouvelles perspectives sur le processus créatif, une meilleure compréhension de vos propres rêves et une relation riche avec l'artiste dans votre sous-sol. » (Ibid., p. 134)

C'est en rêvant et en écrivant à partir de nos rêves que nous nourrissons la relation avec notre artiste intérieur. Nous ne nous réveillerons peut-être pas avec l'image d'un rêve, comme William Styron, pour nous précipiter à notre bureau et commencer à écrire un roman à succès, mais si nous nous concentrons sur l'image, notre artiste intérieur prendra notre main et nous mènera à une histoire.

Ce faisant, le rideau entre l'esprit conscient et l'esprit de rêve sera levé. Nous serons dans l'espace où notre bureau disparaît et nous voyons plus clairement. Comme l'a écrit Jung, nos rêves sont de petites portes cachées « s'ouvrant sur la nuit originelle cosmique de l'inconscient ». En écrivant nos rêves, nous avons un aperçu d'une vie plus profonde, en dessous de la surface de notre quotidien. Nous faisons un pas vers la plénitude.

C'est maintenant à votre tour d'écouter à nouveau votre rêve et d'écrire à partir de lui. Vous vous êtes concentrés à une image de celui-ci, vous avez pensé aux associations. Laissez maintenant l'artiste dans votre propre sous-sol prendre votre main et vous mener à une histoire.

Voici une suggestion d'écriture :
Revenez à votre rêve et laissez-le vous conduire à un vécu de votre vie. Écrivez ce vécu, c'est votre histoire.

En conclusion, je me tourne vers le rêve que Jung fit quand il était étudiant.

« C'était la nuit, à un endroit inconnu ; je n'avançais qu'avec peine contre un vent puissant soufflant en tempête. En outre il régnait un épais brouillard. Je tenais et protégeais de mes mains une petite lumière qui menaçait à tout instant de s'éteindre. Or il fallait à tout prix que je maintienne cette petite flamme : tout en dépendait. Soudain, j'eus le sentiment d'être suivi ; je regardai en arrière et perçus une gigantesque forme noire qui avançait derrière moi. » (Jung 1962, p. 110)

Malgré sa terreur, il était conscient qu'il devait garder sa petite lumière allumée dans la nuit et le vent. Quand il se réveilla, il se rendit compte que la forme gigantesque était sa propre ombre projetée sur les traînées de brouillard. Il sut aussi que cette petite flamme était sa conscience, la seule lumière qu'il possédait, son unique trésor. Il irait de l'avant contre la tempête, gardant brûlante la flamme de sa conscience, à tout prix.

Cette lumière se trouve en chacun de nous, c'est la lumière que nous portons dans le monde autour de nous, dans les vents tourbillonnants des ténèbres, la lumière que nous pouvons tenir haut pour éclairer le chemin pour les autres. La lumière se nourrit de tout ce que nous faisons pour établir un pont entre le monde de la conscience et celui de l'inconscient. Nos rêves nous montrent le chemin.

# Chapitre 4

## *Se servir de métaphores : illuminer la vie*

« Quoiqu'exprime le *contenu* du genre archétype, c'est en premier lieu une parabole[5] linguistique. »
C. G. Jung (1941, p. 113)

« L'imagination est plus importante que le savoir. »
Albert Einstein

Qu'est-ce qu'une métaphore ? Quel est son rôle dans notre vie ? Dans ce chapitre, nous examinerons d'abord la signification de la métaphore et comment elle a été utilisée dans les cultures du monde au cours des siècles. Nous explorerons comment C. G. Jung a utilisé la métaphore et pourquoi le *Livre Rouge* a été qualifié de quête métaphorique de l'âme, en prenant des extraits du *Livre Rouge* et de *Ma vie*. Nous verrons ensuite comment la métaphore est utilisée dans l'œuvre de l'écrivaine contemporaine Annie Dillard et dans mon propre travail, pour discerner comment elle peut éclairer notre écriture et notre façon d'être.

### 1) Définir la métaphore

La métaphore n'est pas un langage mais une idée exprimée en mots. Ce terme est issu du latin *metaphora* et du

---

[5] Le texte anglais utilise le terme « metaphor » (NdT).

grec *metaphorå* (transporter). Le préfixe *meta* signifie « après, à travers, au-delà », et *phero* « porter, transporter ». D'où la notion de « porter au-delà ». La métaphore porte au-delà. L'étymologie nous conduit au sens évocateur de voyage au-delà.

Aristote écrit (en 335 av. J.-C.) « La métaphore est le transport à une chose d'un nom qui en désigne une autre. » (*Poétique*, chapitre XXI). Elle est vue comme un dispositif rhétorique dans lequel les traits d'une chose sont attribués à autre chose. Au fil des siècles, son usage s'est étendu et la métaphore est devenue un élément signifiant pour l'expression humaine, où une partie de l'expérience est utilisée pour en éclairer une autre, pour suggérer une signification plus profonde.

Dans *Comme il vous plaira*, Shakespeare utilise une figure de style, transférant un mot d'un contexte à un autre : « Le monde entier est un théâtre ». Le sujet, c'est le monde. L'attribut est la scène de théâtre. Le mot « monde » est transféré du contexte de l'univers à celui d'un théâtre. Regardons les vers suivants : « Et tous les hommes et les femmes sont de simples acteurs/Ils y ont leurs entrées et leurs sorties » (Shakespeare, 1599, *Comme il vous plaira*, acte 2, scène 7) : la métaphore est élargie. Non seulement le monde est une scène, mais les hommes et les femmes ne sont que des acteurs, leur vie est transitoire. La métaphore révèle une nouvelle dimension de la réalité, une nouvelle dimension de la vérité. Elle nous rappelle nos propres entrées et sorties, notre fragilité humaine.

Ainsi, la métaphore imprègne notre sens de la réalité et conduit à une manière d'être associative. D'une certaine façon, ce n'est plus ceci ou cela, mais ceci *et* cela. Les choses ne sont plus toutes noires ou toutes blanches. Nous révisons notre façon de penser, notre façon de percevoir le monde. Nous prenons conscience de notre capacité créatrice à voir le monde différemment. Selon Nietzsche, nous sommes dans la métaphore, ou nous sommes la métaphore. Notre être ne provient pas uniquement d'une essence platonicienne ou d'une substance pensante cartésienne, mais de l'interaction de plusieurs approches différentes. La vérité est, pour Nietzsche, « une multitude mouvante de métaphores. » (Nietzsche, *Le Livre du philosophe*, p. 123)

Pour éviter toute confusion avec des termes voisins, voici une liste de mots qui ont le sens de « comme », avec de courtes définitions pour chacun.

- comparaison : la similarité de deux choses différentes, avec des mots « comme » ou « tel que ». (Elle est comme un bouton de rose.)
- métaphore : la description d'une chose par une autre chose. (C'est un bouton de rose.)
- analogie : la comparaison entre une chose et une autre.
- allégorie : une métaphore étendue dans laquelle une histoire illustre un attribut du sujet.
- parabole : une métaphore étendue dans laquelle une histoire donne une leçon de morale.
- mythe : une métaphore étendue dans laquelle l'histoire présente des connotations culturelles.
- symbole : la relation entre une chose et une autre, plus profonde, souvent générée par des métaphores.

Notons ici la proximité de sens entre symbole et métaphore, dans la façon dont ils sont utilisés. Tous deux nous amènent à une nouvelle compréhension. Cependant, le symbole porte la métaphore à un niveau de signification jusqu'alors inconnu. Comme le souligne James Hollis dans son livre *The Archetypal Imagination*, la métaphore est quelque chose qui va « transposer une chose en une autre », et le symbole est quelque chose qui va « préparer à une convergence » (Hollis 2000, p. 4).

Les définitions sont toujours problématiques. Nous garderons celle où la métaphore signifie la description d'une chose par une autre chose. Et nous évaluerons la façon dont elle est utilisée pour révéler une nouvelle dimension dans la perception. En passant en revue la place de la métaphore dans la littérature au cours des siècles, nous verrons comment elle approfondit effectivement la façon dont nous nous percevons nous-mêmes et le monde qui nous entoure.

**2) La métaphore en littérature, au fil des siècles**

La métaphore est présente dans le plus ancien récit écrit que l'on connaisse, *L'Épopée de Gilgamesh*. L'auteur, inconnu, a utilisé la métaphore pour illuminer la vie légendaire de Gilgamesh, un demi-dieu semi-mythique d'une force surhumaine. Comme indiqué au chapitre 3, Jung, dans *Le Livre Rouge*, donne à Gilgamesh le nom d'Izdubar, le Dieu païen venant de l'Orient, qu'il rencontre dans ses voyages dans les enfers. Les érudits pensent aujourd'hui que Gilgamesh était un roi historique d'Uruk, en Babylonie, l'Irak moderne. Il vécut vers 2700 av. J.-C. De nombreux mythes ont été écrits à son sujet. La version la plus complète a été trouvée sur des tablettes d'argile dans les ruines de la bibliothèque d'Assourbanipal, roi d'Assyrie.

Voici quelques lignes de la Tablette VIII où la métaphore met en lumière l'amour de Gilgamesh pour son frère de cœur, Enkidu, et son chagrin face à la mort de ce dernier.

« Enkidu, mon ami,
Mulet vagabond,
Onagre du désert,
Panthère de la steppe,
Avec qui nous avions, de conserve,
Escaladé la Montagne ;

Pris et tué
Le Taureau-Géant ;
Abattu Humbaba,
Tapi en la Forêt des Cèdres,
À présent, quel est ce sommeil
Qui s'est emparé de toi ?» [6]

Par la métaphore du mulet, de l'onagre, de la panthère, l'auteur nous donne une image visuelle d'Enkidu, révélant à la fois comment Gilgamesh l'a vu et à quel point il l'a profondément apprécié. Nous apprenons aussi comment Gilgamesh envisageait la mort, comme un sommeil profond qui, sans prévenir, s'empara de son compagnon.

Remontons les siècles. *Le Cantique des Cantiques* est une magnifique représentation métaphorique de l'amour mutuel entre Yahvé et son peuple. D'abord considéré comme une chanson d'amour entre Salomon et la reine de Saba, il est aussi connu sous le nom de *Cantique de Salomon*. Cependant, il fut probablement écrit, suivant les experts, entre 900 et 200 avant J.-C, des années voire des siècles après le règne du roi Salomon (mort en 931 av. J.-C). Le Seigneur est l'amant, et son peuple le bien-aimé. Il est également possible de le voir comme une représentation poétique de l'amour du Seigneur et de l'âme individuelle. Amant et bien-aimée.

En élargissant la métaphore, nous pouvons le considérer comme une représentation érotique de l'amour humain. Plusieurs chercheurs pensent que c'était son intention initiale.

« Qu'il me donne les baisers de sa bouche [...]
Comme un lis au milieu des chardons, telle est
ma bien-aimée parmi les jeunes filles.

---

[6] Épopée de Gilgamesh, tablette VIII. Voir http://rocbo.lautre.net/gilgamesh/08.html

Comme un pommier au milieu des arbres du verger, tel est mon bien-aimé parmi les jeunes hommes. » (*Cantique des Cantiques*, chapitres 1 & 2)

Par des métaphores utilisant des images de la nature, l'auteur magnifie la puissance et la beauté véritables de l'amour – entre le Seigneur et son peuple, entre le Seigneur et l'âme individuelle, entre deux êtres humains.

Voyons maintenant l'une des métaphores les plus illustres, connue sous le nom de Mythe de la caverne, que l'on trouve dans *La République* de Platon, 380 av. J.-C. Il s'agit ici d'un dialogue entre Socrate, le professeur, et Glaucon, le frère de Platon. Platon utilise la métaphore d'une grotte qui serait notre habitat. Nous vivons emprisonnés dans une caverne, aveugles à la réalité. Il développe sa métaphore pour montrer que nous ne voyons que les ombres des formes vivantes, et non les êtres eux-mêmes. Imaginez un groupe de personnes qui vivent enchaînées dans une grotte, face à un mur nu. Tout ce qu'ils voient, ce sont des ombres projetées sur le mur par ceux qui passent entre eux et un feu. Seul le philosophe, libéré de ses liens, peut percevoir la réalité. Tous les autres demeurent enchaînés et ne voient que les ombres de la réalité.

« Figure-toi des hommes dans une demeure souterraine, en forme de caverne, ayant sur toute sa largeur une entrée ouverte à la lumière ; ces hommes sont là depuis leur enfance, les jambes et le cou enchaînés, de sorte qu'ils ne peuvent bouger ni voir ailleurs que devant eux, la chaîne les empêchant de tourner la tête ; la lumière leur vient d'un feu allumé sur une hauteur, au loin derrière eux [...] Penses-tu que dans une telle situation [les prisonniers ainsi enfermés] aient jamais vu autre chose d'eux-mêmes et de leurs voisins que les ombres projetées par le feu sur la paroi de la caverne qui leur fait face ? »[7]

Comparons aussi les métaphores du *Nouveau Testament* avec celles du *Coran*. Jésus et Mahomet ont tous deux enseigné en paraboles, utilisant la métaphore pour donner une leçon morale. Interrogé sur la raison pour laquelle il enseignait en paraboles, Jésus répondit : « Si je leur parle en paraboles, c'est parce qu'ils regardent sans voir, et qu'ils écoutent sans entendre [...] Mais vous, heureux vos yeux puisqu'ils voient, et vos oreilles puisqu'elles entendent ! » (Évangile de Matthieu 13, 11-16) Mahomet donnera la même leçon.

Voici quelques lignes de Marc :

« Écoutez ! Voici que le semeur sortit pour semer. [...] Comme il semait, du grain est tombé au bord du chemin [...] Du grain est tombé aussi sur du sol pierreux [...] Du grain est tombé aussi dans les ronces, [...] Mais d'autres grains sont tombés dans la bonne terre ; ils ont donné du fruit en poussant et en se développant, et ils ont produit trente, soixante, cent, pour un. » (Évangile de Marc, chapitre 4)

Et dans le *Coran* :

« Ceux qui dépensent leurs biens dans le sentier d'Allah ressemblent à un grain d'où naissent sept épis, à cent grains l'épi. [...] Et ceux qui dépensent leurs biens cherchant l'agrément d'Allah, et bien rassurés [de Sa récompense], ils

---

[7] http://remacle.org/bloodwolf/philosophes/platon/rep7.htm Platon, *La République*, Livre VII, 514-516.

ressemblent à un jardin sur une colline. Qu'une averse l'atteigne, il double ses fruits ; à défaut d'une averse, c'est la rosée. Et Allah voit parfaitement ce que vous faites. » (Sourate 2, 261-265)

Les deux prédicateurs utilisent des métaphores analogues, tirées de la vie quotidienne qui les entoure, pour instruire leurs disciples. Le croyant est assimilé à une semence, à une graine qui produit deux fois ou cent fois plus. Dieu est assimilé au semeur qui « voit parfaitement ce que vous faites ».

Au XII$^e$ siècle, Hildegarde de Bingen, abbesse bénédictine, évoquée aux chapitres précédents, utilisa largement les métaphores pour décrire les visions qui l'avaient fascinée dès son plus jeune âge. Ce n'est qu'à quarante ans qu'elle partagea ses visions, les illustrant de dessins sur des tablettes de cire. Dans son *Book of Divine Works*, la vision 4, « De l'articulation du corps » (que Matthew Fox intitula « Cultiver l'arbre cosmique »), illustre son utilisation de la métaphore.

Ici, Hildegarde voit la création entière, l'univers entier, comme un cercle. Elle le dessine dans un mandala, avec des cercles de lumière, d'eau, de feu, d'air, et la sphère intérieure – la Terre avec son arbre cosmique – tourne autour du centre. Hildegarde situe l'humanité ici, dans la sphère intérieure, en tant que jardinier de la création, prenant soin de l'arbre tout au long des saisons.

L'univers est vu comme un cercle, un mandala, chaque élément – la lumière, l'eau, le feu, l'air, la terre – formant un autre cercle, plus petit. Et l'arbre de vie, dont l'humanité prend soin, tourne autour du centre. Dans le dessin, Hildegarde se représente dans le coin gauche, en train de graver la vision sur une tablette de cire.

« Le firmament est animé d'un mouvement circulaire, sur le modèle de la puissance de Dieu

*Se servir de métaphores : illuminer la vie*

*Cultiver l'arbre cosmique,* Hildegarde de Bingen

qui n'a ni début ni fin : de même personne ne peut voir où commence, où s'arrête une roue qui tourne. Le trône de Dieu, c'est son éternité, là où seul il repose, et tous les êtres vivants sont comme les étincelles qui jaillissent de sa splendeur, comme les rayons du soleil. » (Hildegarde de Bingen 1987, p. 73).

Le langage métaphorique nous élève. La création est un vaste et beau mandala, une métaphore de la puissance de Dieu. Nous sommes des étincelles jaillissant de la splendeur rayonnante de Dieu.

Quatre siècles plus tard, Shakespeare utilise adroitement la métaphore, ainsi que nous l'avons vu plus tôt dans sa pièce *As You Like It*. Ici, penchons-nous sur un sonnet. Il a écrit cent cinquante-quatre sonnets, la plupart adressés à un mystérieux amant, publiés pour la première fois dans une édition de 1609. Le plus célèbre est peut-être le sonnet 18 :

« Dois-je te comparer à un jour d'été ?
Tu es plus belle et plus tempérée. »

Shakespeare illustre la comparaison avec des images de la nature, les bourgeons chéris de mai, les vents rudes, l'œil brûlant du ciel, et conclut :

« Tant que les hommes respireront ou que leurs yeux verront,
Cela durera longtemps et cela te donnera la vie. »[8]

Les métaphores sont nombreuses. Shakespeare compare la femme ou l'ami qu'il aime à une belle journée d'été.

---

[8] Cette traduction provient de http://artgitato.com/sonnets-shakespeare-sonnet-18-shall-i-compare-thee-to-a-summers-day/

Pourtant, une journée d'été est menacée par des vents violents, et l'été est court. La vie continue, mais le poète, en écrivant ce sonnet, a assuré l'immortalité à la personne qu'il aime. Après ce survol sélectif de la façon dont la métaphore a été utilisée au cours des siècles, trouvons nous-mêmes quelques métaphores, avant d'examiner comment C. G. Jung s'en sert dans ses textes.

Voici une suggestion d'écriture :
Si vous fermez les yeux, quelle image apparaît ? Décrivez-la en quelques lignes. Pensez maintenant à une métaphore. À quoi peut-on la comparer ? Jouez avec la comparaison. Où cela vous emmène-t-il ?

### 3) Métaphores dans *Ma vie* et *Le Livre Rouge*

Tant de choses ont été écrites et analysées à propos des métaphores et les symboles dans l'œuvre de C. G. Jung que je me limite ici, dans notre quête de plénitude, au thème de la composition de la métaphore. Nous avons noté plus tôt que métaphores et symboles sont très proches dans la façon dont ils sont utilisés, les deux décrivant une chose par une autre chose, mais le symbole menant à une chose inconnue. Murray Stein écrit dans *Minding the Self* (p. 28) : « Les symboles peuvent ressembler à des métaphores, bien qu'ils les surpassent en profondeur et en signification spirituelle.» Voyons d'abord quelques exemples tirés de *Ma vie*, avant de nous tourner vers *Le Livre Rouge*, pour voir comment Jung travaillait avec ses métaphores, comment il en cherchait leur signification symbolique.

Dans le prologue de *Ma vie*, Jung voit la vie comme une plante qui puise sa vitalité dans son rhizome. Il compare ici la vie à une plante. Il dit alors : « La vie proprement dite de cette plante n'est point visible, car elle gît dans le rhizome. Ce qui devient visible au-dessus du sol ne se maintient qu'un seul été, » et la comparaison s'approfondit en métaphore : « puis se fane... Apparition éphémère. » La vie au-dessus du sol est éphémère. Mais sous terre, quelque chose vit. La métaphore prend une signification symbolique. « Je n'ai jamais perdu le sentiment de la pérennité de la vie sous l'éternel changement. Ce que nous voyons, c'est la floraison – et elle disparaît – mais le rhizome persiste. » (Jung 1962, p. 20)

*Rhizome*

Ce mot « rhizome » continue à me parler. Récemment, alors que je relisais *Ma vie*, les fleurs et le rhizome m'ont poussée à les visualiser, à les dessiner dans mon journal. Voici mon dessin au crayon. Les circonvolutions dans la terre traversent le croquis.

Tout au long des premiers chapitres, *Enfance, Années de collège, Années d'études,* Jung repense à ses souvenirs de jeunesse et leur donne une expression métaphorique. Le ciel

## Se servir de métaphores : illuminer la vie

bleu et la lumière dorée du soleil au-dessus de sa poussette ne lui révélèrent pas seulement la radieuse beauté du jour, mais lui donnèrent, dès son plus jeune âge, un sentiment de bien-être. Tout était tout à fait merveilleux. Plus tard, il voit dans le royaume des plantes les manifestations terrestres du monde divin. Les arbres, en particulier, étaient la personnification immédiate du caractère incompréhensible de la vie. Il pouvait s'imaginer qu'il regardait par-dessus l'épaule du Créateur en train de décorer le monde.

Durant ses années d'études, le fossé s'élargit entre lui et son père, son père qui était la proie de l'Église protestante et de sa pensée théologique. La personnalité n° 2 de sa mère lui offrit un soutien entre la tradition paternelle et « les étranges formes compensatrices » (Ibid., p. 113) que créait son inconscient. Et après la mort de son père, pendant ses études universitaires, le Saint-Esprit est devenu une métaphore du Dieu auquel il ne pouvait croire ni concevoir.

Son autobiographie continue – *Activités psychiatriques, Sigmund Freud, Confrontation avec l'inconscient, Genèse de l'œuvre* –, tout comme son style métaphorique. Jung est toujours à la recherche du sens invisible en dessous de ce qu'il vit. Il cherche le rhizome. Puis vient le chapitre intitulé *La Tour*. Alors que progresse sa propre individuation, la tour représente les étapes de sa croissance. La première tour, puis la construction centrale, puis après la mort de sa femme en 1955, l'étage supérieur, qui représente son moi. Ce dernier ajout signifiait une extension de la conscience, acquise avec l'âge. Nous verrons plus en détail, au chapitre 8, la Tour comme métaphore du développement psychique de Jung.

Jung évoque ses voyages, puis ses visions, et aux chapitres *De la vie après la mort* et *Pensées tardives*, il continue à avoir recours à la métaphore. En racontant l'histoire de sa vie, en définissant son mythe, Jung découvre – il y revient sans cesse – « l'existence d'un symbole apparemment central, de même nature [...], le symbole du mandala » (Ibid., p. 380). Cette image circulaire représente « la totalité du Soi ». Pour le dire en termes mythiques, Jung voit le mandala comme représentant « la divinité incarnée dans l'homme ». Il nous présente ici en langage métaphorique son image numineuse de Dieu, la divinité incarnée dans l'homme, le Soi (J'utilise ici un S majuscule car je me réfère spécifiquement au soi en tant qu'image de Dieu).

Passons maintenant au *Livre Rouge*, et cherchons à comprendre comment Jung, à travers les métaphores, découvrit le sens profond des visions qui l'ont presque submergé pendant sa confrontation avec l'inconscient. Comme je le disais au chapitre 1, le voyage intérieur de Jung commença après sa rupture avec Freud en novembre 1913, quand, au sommet de sa célébrité, il vécut une période de confusion intérieure et réalisa qu'il avait perdu son chemin. Il avait perdu son âme. Submergé à deux reprises par la vision d'une inondation monstrueuse recouvrant l'Europe du Nord, il s'interrogea sur sa signification possible. Puis la guerre mondiale éclata, un monstrueux flot de sang couvrit l'Europe, et il se rendit compte que sa propre expérience coïncidait avec celle de l'humanité en général. Regardons ici comment Jung se battit d'abord avec la vision, s'engageant à en comprendre le sens.

> « La vision des flots diluviens que j'eus en octobre de l'année 1913 coïncida avec une époque qui fut pour moi d'importance en tant qu'être humain. J'étais alors dans ma quarantième année de ma vie et avais obtenu tout ce que j'avais souhaité [...] La vision des flots diluviens s'empara de moi et je sentis l'esprit des profondeurs, mais je ne le compris pas. Lui de son côté me pressa avec une aspiration intérieure, aussi ardente qu'insupportable. » (Jung 2009, *Retrouvailles avec l'âme*, p. 149)

C'est ainsi que Jung entreprend d'affronter son inconscient. Tout au long du *Livre Rouge*, Jung note ses rencontres sous forme de métaphores. Il crie à son âme : « Qui es-tu, enfant ? » en voyant l'âme comme une jeune fille. Il se perd dans un désert où le soleil brûlant est insupportable, et le soleil représente sa conscience. Il compare son âme à un arbre et aspire à s'asseoir à son ombre. Il rencontre Élie, le prophète de l'*Ancien Testament*, qui représente le *logos*, et Salomé, la danseuse qui demanda la tête de Jean-Baptiste, et elle représente Eros. Dans *Le Livre Rouge*, Salomé est aveugle : la métaphore s'étend, pour montrer à quel point ce côté était sous-développé dans la personnalité de Jung.

Les rencontres se poursuivent, il plaisante avec le Cavalier rouge, qui représente le diable, et se révèle bientôt comme la personnification de la joie. Il voit Izdubar, le dieu païen Gilgamesh, qui incarne la philosophie orientale, quand lui incarne la science occidentale. De cette rencontre naît finalement une nouvelle image de Dieu. Et puis Philémon, le magicien, le mari de Baucis dans le récit du mythe qu'en donne Ovide. Je saute à travers les pages pour montrer la multitude de métaphores qui attendent le lecteur du *Livre Rouge*.

Penchons-nous sur l'une d'elles, une longue rencontre qui suit de peu le dialogue de Jung avec son âme dans le désert ; il aperçoit Élie, et sa fille Salomé – Élie, le prophète, et Salomé la danseuse. Nous comprenons la surprise de Jung ; le père et la fille ? Élie et Salomé ? Comment cela se peut-il ?

« Un vieil homme se tenait devant moi. Il ressemblait à l'un des anciens prophètes. À ses pieds se trouvait un serpent noir. À quelque distance, je vis une maison reposant sur des colonnes. Une belle jeune fille sort par la porte. Elle avance d'un pas mal assuré et je vois qu'elle est aveugle. Le vieil homme me fait signe et je le suis vers la maison […] Derrière nous rampe le serpent. À l'intérieur

*Écrire vers la plénitude*

de la maison règne l'obscurité. Nous sommes dans une haute et grande salle aux murs étincelants. À l'arrière-plan se trouve une pierre couleur d'eau claire […] Nous sortons et le vieil homme me dit : "Sais-tu où tu es ?"
Moi : "Je suis étranger ici et tout me paraît prodigieux, empli de frayeur, comme un rêve. Qui es-tu ?"
É : "Je suis Élie, et voici ma fille Salomé."
Moi : "La fille d'Hérodiade, cette femme sanguinaire ?"
É : "Pourquoi portes-tu un tel jugement ? Tu vois, elle est aveugle. Elle est ma fille, la fille du prophète."
Moi : "Quel miracle vous a réunis ?"
É : "Aucun miracle, il en était ainsi depuis le début. Ma sagesse et ma fille ne font qu'un."
[…]
Moi : "Comment pourrait-il être possible que cette femme impie et toi, le prophète de ton Dieu, soyez un ?"
É : "Pourquoi t'étonnes-tu ? Tu le vois bien, nous sommes réunis."
Moi : "C'est précisément ce que je vois de mes yeux qui est pour moi inconcevable […] Vous êtes tout de même les symboles des opposés les plus éloignés."
É : "Nous sommes réels et ne sommes pas des symboles." » (Jung 2009, *Mystère – Rencontre*, pp. 201-203)

C'est l'une des plus longues confrontations dans le *Livre Rouge*. Jung l'appelait la scène mystérieuse, le Mysterium, et la décrivait comme la rencontre entre logos et éros. Dans le commentaire qui suit la vision, Jung perçoit Élie comme la personne qui pense et Salomé comme la personne qui ressent. L'un s'attache à la pensée, l'autre au désir. Il écrit : « Que celui qui pense accueille son désir, que celui qui ressent accueille sa propre pensée. Tel est ce qui conduit sur le chemin. » (Ibid., p. 210) Nous voyons ici comment, en s'adressant aux personnages de sa vision, en les mettant sur l'estrade et en créant une scène mystérieuse – pratique que Jung appelle imagination active – Jung est amené à définir les fonctions psychologiques de la pensée et du ressenti.

Le passage ci-dessus comporte d'autres métaphores, la maison obscure où vivent Élie et Salomé, l'obscurité de l'inconscient. Et pourtant, les murs scintillent, lumière dans les ténèbres. Et la pierre bleue pourrait être un signe avant-coureur du lapis alchimique, la pierre philosophale, que Jung dessine plus tard dans son parcours, dans un magnifique mandala.

Reste le serpent, qui accompagnera Jung tout au long de son voyage. Dès la première page du *Livre Rouge*, et à la première illustration – le dessin de la lettre D –, un serpent s'élève d'un chaudron de feu, représentant l'énergie qui allait conduire Jung en avant. Le serpent comme métaphore du principe terrestre prendra un sens plus profond, tantôt noir, tantôt blanc. Et Jung étend ses contorsions pour représenter la vie humaine. « Le chemin de la vie s'enroule, tel le Serpent, de droite à gauche et de gauche à droite, de la pensée au désir et du désir à la pensée. » (Ibid., p. 208)

Plus tard dans son voyage, Jung se lie à nouveau d'amitié avec les serpents dans le jardin du magicien. Il joue de sa flûte à l'un d'eux, pour lui faire croire qu'il est son âme (Ibid., p. 455). Les paroles du serpent sont apaisantes. Ce dernier lui demande s'il a remarqué que le devenir de l'âme suit un chemin sinueux. « As-tu observé comment le jour et la nuit alternent ? » (Ibid., p. 458) Jung écoute attentivement. L'âme du serpent lui communique sa sagesse.

Si nous nous rappelons les paroles de Jung à Christiana Morgan en 1926 lui conseillant d'écrire tout dans son journal qui deviendra son église, sa cathédrale, nous pouvons voir l'ensemble du *Livre Rouge* comme une magnifique métaphore de la cathédrale de Jung. En y pénétrant, en lisant les premières pages, nous sommes dans l'église de Jung, avec un mandala au centre, l'autel, une métaphore du Soi, pour Jung l'image de Dieu. Les vitraux représentent les différentes figures de son imagination : Élie, Salomé, le serpent, le Cavalier rouge, l'oiseau blanc, Izdubar, Philémon. Les liturgies sont ses dialogues continus avec chacune de ces figures. Nous nous trouvons dans la cathédrale de Jung.

Jung a trouvé son chemin, et il nous invite à trouver le nôtre, à entrer dans notre propre inconscient et parler avec l'image qui nous y attend. Puis de l'écrire dans notre propre Livre Rouge.

Voici une suggestion d'écriture :
Revenez à l'image que vous avez décrite et demandez-lui pourquoi elle est venue à votre esprit. Que veut-elle vous dire ? Attendez une réponse. Écrivez la conversation sous forme de dialogue.

### 4) Métaphores dans la littérature contemporaine

#### Annie Dillard

J'évoque maintenant une auteure contemporaine, qui utilise beaucoup la métaphore pour illuminer le sens de ses histoires. Annie Dillard voit le monde naturel comme une métaphore radieuse de l'esprit. Son travail en tant qu'écrivaine, en tant qu'être humain, est de garder un œil sur les choses. Elle écrit que nous sommes nés pour témoigner. Dans

*Teaching a Stone to Talk*, un recueil de quatorze essais personnels, elle se demande comment faire face à un monde de pierres silencieuses. C'est en approchant le mystère de la nature, en percevant le pouls tranquille d'une éclipse totale, en admirant les arbres sacrés *palo santo* envahir les falaises des Galapagos.

Dillard adopte la forme de l'essai, disant qu'elle donne à la métaphore la place de s'étendre. Le poète doit parfois comprimer ses métaphores sur quelques lignes. L'essayiste, qui consacre des pages à une narration, ou approfondit réflexion et description, peut de façon plus vivante amener au sens de la métaphore.

C'est ce que fait Dillard dans *A field of silence*. Elle y écrit sur le silence. Elle situe son essai dans un endroit appelé « la ferme », où elle a déjà vécu. Ses pâturages plats et désordonnés longeaient sur quatre cents mètres une route d'une île du détroit de Puget, sur la côte de l'État de Washington. De la ferme, elle pouvait voir, à l'est, au-delà de l'eau, le continent et plus loin encore les montagnes enneigées. La ferme semblait éternelle, aussi vieille que la terre elle-même. Elle y avait vécu autrefois et vu au bord de la route les pâturages écrasés de silence.

> « J'ai vu le silence empilé sur les champs comme des plateaux. Ce jour-là, les vertes prairies soutenaient le silence régulièrement semé ; les champs ployaient sous la pression uniforme du silence, le supportaient, le tenaient en l'air : des champs défrichés, une partie d'un terrain, qui ne s'affaissaient pas sous le talon du silence, ni ne se fendaient en morceaux, mais au contraire restaient secrets, déguisés en temps et matière comme s'ils n'étaient rien. » (Dillard 1982, p. 131)

C'est frappant de voir le silence empilé comme des plateaux. Un silence régulièrement semé, superposé dans les champs comme des plateaux. Une comparaison. Puis les champs qui ploient sous sa pression uniforme. Des champs qui ploient pour supporter le silence et le tenir en l'air. Une métaphore, des champs qui ne s'affaissaient pas sous le talon de silence. La métaphore s'étend.

Quelques mois plus tard, marchant près de la ferme, Dillard fit remarquer à un ami : « Il y a des anges dans ces champs. » Les anges ! Elle écrit qu'elle avait rarement été aussi surprise par ce qu'elle avait dit. Jusque-là, elle n'avait jamais pensé aux anges, pas du tout.

« Depuis lors, je commençai à penser aux anges [...] J'ai maintenant l'impression que ces champs sont des milliers d'esprits [...] des anges en fait, presque perceptibles à l'œil nu, et tourbillonnants. Si on insistait, je dirais qu'ils étaient à environ un mètre au-dessus du sol [...]
« Il y a des anges dans ces champs, et je le suppose, dans tous les champs, et partout ailleurs. » (Ibid., pp. 135-136)

Dillard suppose maintenant qu'il y a des anges dans des empilements de silence partout. Elle est passée des champs de silence à des milliers d'anges, tourbillonnants, à un mètre du sol. Sa métaphore a littéralement pris des ailes. Et elle termine délicieusement son essai en écrivant qu'elle se jetterait aux lions pour témoigner de ce fait.

**Susan Tiberghien**

Je vais donner un autre exemple de l'utilisation des métaphores, tiré cette fois de mon livre, *Looking for Gold, A Year in Jungian Analysis*. Je parle ici de l'or alchimique, des étincelles de divinité qui sont en chacun de nous. Chaque chapitre découle d'un rêve au cours de ma première année d'analyse. En écrivant le livre, j'ai découvert ce qui allait devenir une métaphore dominante dans ma vie, la fissure dans ma cruche. Elle apparaîtra dans tous mes livres ultérieurs. Voici l'histoire telle que je l'ai relatée durant ma première visite chez une analyste à Genève. Je lui avais raconté le rêve de la nuit précédente, dans lequel je me rendais quelque part pour qu'on m'immobilise l'épaule. Le rêve était long, avec beaucoup de détails visuels. Elle m'a posé des questions sur mon épaule et m'a dit que ce qui était important, c'était la fissure. Ses paroles m'ont troublée. Oui, il y avait une fissure dans mon épaule. Mais une autre fissure, plus récente, était due à un accident de voiture. Je rentrai d'une journée au monastère des Voirons, une montagne près de Genève.

« Sur la route du retour, une abeille s'est introduite dans ma voiture. Au lieu de m'arrêter, j'ai essayé de la tuer et, distraite, j'ai foncé droit dans une falaise. Après deux tonneaux, je suis sortie de l'épave et j'ai ramassé la cruche à eau que j'avais achetée au monastère – une cruche en terre, poterie que les sœurs avaient fabriquée, enveloppée dans une simple page de journal. Une ambulance m'a emmenée à l'hôpital de Genève. Je n'étais pas blessée, pas plus que la cruche. La voiture était inutilisable.

« Puis, avec le temps, une fissure apparut sur la cruche, une ligne fine creusant son chemin sur la surface lisse et grise. J'écrivis une histoire sur la cruche à eau, expliquant que la fissure était à l'intérieur, rendant la cruche vulnérable. » (Tiberghien 2007, p. 19)

## Écrire vers la plénitude

*Fissure dans la cruche à eau*

L'analyste m'arrêta et me dit que c'était par cette fissure que j'entrerais et que j'irais plus loin. Elle ajouta que cela pourrait faire mal. Je fus soudainement amenée à penser à mon épaule, qui me faisait à nouveau mal. J'avais appris à vivre avec cela. Et voilà que la fissure dans ma cruche à eau révélait la fissure dans mon épaule. La métaphore s'avérait synchronistique. Oui, j'entrerais dans la fissure.

Depuis, alors que je continue d'entrer dans la fissure, je la vois me définir et me rendre vulnérable. Elle m'invite à entrer plus profondément dans l'obscurité, dans l'inconscient. Et en même temps elle m'invite à révéler ma fissure, à montrer ma vulnérabilité. À m'ouvrir à ceux que je rencontre et à la lumière. La cruche se trouve maintenant sur notre table de cuisine. Le matin, en m'asseyant pour prendre mon petit déjeuner, je la regarde et je me demande : comment vais-je vivre aujourd'hui ? Comment vais-je montrer ma vulnérabilité ? Comment

## Se servir de métaphores : illuminer la vie

laisserai-je plus de lumière pénétrer mes ténèbres intérieures ? La métaphore de la cruche à eau et de sa fissure continue de transformer la façon dont je me vois, dont je vois le monde. Je continue d'écrire sur ce sujet. Voici comment j'ai évoqué sa leçon dans un poème en prose, dans mon livre *Footsteps, In Love with a Frenchman*.

> « La fissure
> Dans le monastère au sommet du Mont Voirons, la petite sœur modelait la cruche en terre, tour après tour, en silence. Ses mains façonnaient la longue spirale d'argile gris foncé, de larges cercles en bas et des cercles plus petits en haut. Lentement, elle lissa la surface encore humide, ses mains jointes en prière autour de la cruche.
> « Ce n'est que plus tard, bien des années plus tard, que la fissure apparut ; elle progressait vers le haut, d'un cercle d'argile à un autre. Telle une fine veine, elle se gravait sur la surface lisse, provenant du plus profond d'elle-même, du silence de son créateur. » (Tiberghien 2015, p. 129)

En ne définissant pas « son créateur », j'élargissais la métaphore de la fissure qui progresse vers le haut, d'un cercle d'argile à un autre, pour en venir au silence de la création. Comme je suis vulnérable, la petite sœur l'est aussi, ainsi que la création.

Dans ces exemples, les métaphores sont utilisées pour ajouter du sens à l'anecdote. La métaphore des anges, qui représentent le silence pour Annie Dillard, devient un moyen de porter témoignage. Et dans mon livre, la fissure dans la cruche à eau devient un moyen de m'ouvrir à la lumière.

Comme pour Jung dans *Ma vie* et dans *Le Livre Rouge*, l'utilisation de la métaphore nous permet de vivre simultanément dans deux mondes, le visible et l'invisible. La métaphore ouvre la voie à la découverte d'un sens plus profond dans ce que nous vivons, dans ce que nous écrivons.

Avant de conclure ce chapitre, je vous suggère d'écrire l'histoire de l'image avec laquelle vous avez travaillé. Laissez-la ouvrir la porte à une nouvelle perception de votre vie.

Voici une suggestion d'écriture :
Concentrez-vous à nouveau sur l'image qui vous est venue, que vous avez décrite et avec laquelle vous avez dialogué. Devenez son ami et écrivez son histoire.

Le voyage de Jung était métaphorique, chaque nouvelle expérience l'emmenait plus loin dans l'inconnu. En écrivant les visions – décrivant les personnages, dialoguant avec eux, commentant les rencontres – et les recopiant dans le grand livre rouge relié en cuir, avec des œuvres d'art et de magnifiques peintures, *Le Livre Rouge* devint sa cathédrale, le lieu silencieux de son esprit. C'est ce que nous souhaitons faire avec nos écrits de journaux, bâtir nos propres cathédrales.

Ce faisant, nous pouvons imaginer que nous créons une immense cathédrale pour l'humanité. Des millions d'ouvriers, des millions de fabricants, construisant une cathédrale universelle. Tout ce que nous découvrons dans nos propres incursions dans l'inconscient, toute image vivace que nous en ramenons, toute métaphore que nous créons, tout cela contribue au voyage de l'humanité vers la plénitude.

# Chapitre 5

## *Voir la beauté avec les mots : éveiller l'âme*

« Accordez-moi d'acquérir la beauté intérieure. Et que pour l'extérieur tout soit en accord avec l'intérieur. »
Socrate (*Phèdre*, § 279c).

« Voir le monde en un grain de sable / Un ciel en une fleur des champs. »
William Blake (*Augures d'innocence*)

« Chaque fois que nous éveillons la beauté, nous aidons à rendre Dieu présent dans le monde. »
John O'Donohue (*Divine Beauty*)

De Socrate à Blake et à O'Donohue, la beauté a été considérée comme un portail donnant sur le monde spirituel. En contemplant la beauté, nous éveillons notre âme. Nous levons nos ailes, pour ainsi dire. Dans ce chapitre, nous suivrons les pas des poètes, des écrivains et des mystiques qui célèbrent la beauté. Ils nous montreront la façon de laisser la beauté ouvrir nos cœurs et nos esprits à l'Éternel.

Tout d'abord, nous verrons comment la beauté a été honorée au cours des siècles, depuis les hymnes à Inanna en 3000 av. J.-C. aux journaux de Thomas Merton et aux écrits de John O'Donohue, à notre époque. Nous nous tournerons ensuite vers C. G. Jung pour nous amener plus loin dans notre quête de la beauté, pour apprécier son impact sur l'âme même de Jung, puis vers Simone Weil, qui voyait la beauté comme la porte du royaume de la transcendance, et nous lirons des extraits de leurs livres.

Enfin, nous ajouterons nos propres voix à celles de quelques auteurs contemporains, Terry Tempest Williams et Marion Woodman, pour célébrer ensemble le don de la beauté, sachant que lorsque nous honorons et protégeons la beauté autour de nous, nous honorons et protégeons la beauté dans l'univers entier.

## 1) L'amour de la beauté à travers les siècles

Dans l'Antiquité, l'amour de la beauté entourait toute la vie d'une merveilleuse poésie. La beauté était célébrée, qu'elle soit celle des corps humains, féminins et masculins, ou celle de la nature, lune d'argent, jacinthe en fleur. Très souvent, les deux convergeaient. Toute la création devait être vénérée comme une métaphore de la beauté. Et la beauté était considérée comme la manifestation du Divin.

Reportons-nous aux hymnes chantés à Inanna, déesse de l'amour et de la beauté, adorée à Sumer au quatrième millénaire avant notre ère. Son nom vient du sumérien « Dame du Ciel ». L'un des premiers hymnes jamais écrits le fut en son honneur ; il date de 2300 avant J.-C. Sa grande prêtresse, Enheduanna, composa cet hymne, adressé à la Bien-aimée du Ciel qui a retrouvé sa place dans le panthéon sumérien.

« Ô ma Dame, Bien-aimée du Ciel [...] Le jour est propice. La prêtresse est vêtue de magnifiques habits, d'une beauté féminine, comme si elle se trouvait dans la lumière de la lune montante. Les dieux sont apparus à leur

juste place, à l'entrée du Ciel l'on crie "Salut !"
Louange [...] à ma dame drapée de beauté.
Louange à Inanna. » (Hirshfield 1994, pp. 6-7)

La prêtresse était vêtue, à la lumière de la lune montante. On fêtait la déesse de la lune, Inanna, drapée de beauté. Le langage est magnifique. Les paroles de l'hymne elles-mêmes sont sensuelles et directes, « d'une beauté féminine ». Ils évoquent l'intimité avec le sacré.

Sautons les siècles, et arrêtons-nous au VI$^e$ siècle av. J.-C. Sappho, la poétesse lyrique grecque, naquit sur l'île de Lesbos. Elle consacra sa vie à écrire des poèmes pour célébrer la beauté, des chants d'amour et de nostalgie ; elle s'accompagnait d'une lyre. Voici un extrait d'un des fragments restants de son œuvre. Sappho encourage sa compagne Kika à revêtir des ornements de beauté, à attacher ses cheveux avec de jolies couronnes de tiges d'anis entrelacées.

« Car les Grâces bénies préfèrent regarder celle
qui porte des fleurs
Et se détournent de celles qui n'ont pas de couronne. » (Carson 2002, p. 157)

Les Grâces préfèrent celles qui se tressent les cheveux avec des fleurs. Elles ignorent celles qui ne s'embellissent pas d'une jolie couronne. En lisant ces mots, nous désirons les imiter. La beauté est un don à cultiver. Nous souhaitons tresser nos propres cheveux avec des fleurs.

J'ai déjà évoqué, au chapitre 1, l'enseignement de Socrate, dans le *Phèdre* de Platon : l'effet de la beauté sur l'âme l'amène à s'éveiller, à faire pousser ses ailes, et les ailes à s'humecter et à gonfler. Dans le dialogue *Le Banquet*, Socrate relate les paroles de la philosophe et prêtresse Diotime, concernant la progression de l'effet de la beauté sur l'humanité. La beauté terrestre telle que perçue par les sens transporte l'âme vers la beauté céleste. Diotima décrit l'ascension de la beauté terrestre pour arriver à la forme idéale de beauté.

> « La vraie voie de l'amour, qu'on s'y engage de soi-même ou qu'on s'y laisse conduire, c'est de partir des beautés sensibles et de monter sans cesse vers cette beauté surnaturelle en passant comme par échelons d'un beau corps à deux, de deux à tous, puis des beaux corps aux belles actions, puis des belles actions aux belles sciences, pour aboutir des sciences à cette science qui n'est autre chose que la science de la beauté absolue et pour connaître enfin le beau tel qu'il est en soi [...] Si la vie vaut jamais la peine d'être vécue [...], c'est à ce moment où l'homme contemple la beauté en soi. » (Platon, *Le Banquet*, § XXIX)

Selon les mots de Diotime, chaque manifestation de beauté devient une marche de plus pour aller de la terre vers le ciel, vers l'essence de la beauté.

Passons à Saint Augustin, qui célèbre la beauté dans son autobiographie, *Confessions*, écrite en 400 de notre ère. Il raconte sa recherche de Dieu et son réveil spirituel qui le détourna d'une vie de débauche. Après sa conversion, et plus tard dans sa vie, il se demandait ce qu'il aimait le plus en aimant Dieu.

> « J'ai interrogé la terre [...], la mer, les abîmes, les formes rampantes de la vie. [...] J'ai interrogé le vent qui passe [...], le ciel, le soleil, la lune, les étoiles, [...] et tous ces êtres autour des portes de ma chair [...] Mon interrogation, c'est mon attention ; leur réponse, c'est leur dehors[9]. » (Saint Augustin, p. 228)

---

[9] Le texte anglais parle de « beauté » (NdT).

Leur réponse était leur beauté. Rien de plus. Après tant d'années de jeunesse gaspillée et de poursuites aveugles, la terre, les animaux vivants, le ciel lui ouvrirent les yeux sur leur créateur. Comme il se reproche de ne pas avoir trouvé Dieu plus tôt !

« J'ai tardé à t'aimer, beauté si ancienne et si neuve, j'ai tardé à t'aimer ! » (Ibid., p. 250)

Sa complainte résonne dans nos cœurs. Souhaitons qu'il ne soit pas trop tard pour célébrer et aimer la beauté.

Avançons à travers le Moyen Âge, et souvenons-nous d'abord d'Hildegarde de Bingen, abbesse bénédictine allemande, philosophe, guérisseuse, musicienne, mystique du XII$^e$ siècle, qui célébrait la nature verdissante, l'appelant *viriditas*, la luxuriance et le verdissement de la création, le pouvoir verdissant de Dieu.

Arrêtons-nous pour saluer Saint François d'Assise, dont le cœur a été saisi par la beauté du monde naturel. Il composa *Le Cantique des Créatures* en 1225, pour louer Dieu pour les créatures, le soleil, la lune, les étoiles, le vent, l'eau, le feu, la terre.

« Loué sois-tu, mon Seigneur, avec toutes tes créatures,
spécialement messire frère Soleil,
par qui tu nous donnes le jour, la lumière. »

François loue Dieu à travers la beauté de la création, du Frère Soleil qui nous donne la lumière à Sœur Lune et aux étoiles du ciel. Du Frère Feu à Sœur Mère Terre, « qui produit toutes sortes de fruits, les fleurs diaprées et les herbes. » La beauté de la création – Soleil, Lune, Feu, Terre – reflète la beauté de son Créateur.

Venons-en ensuite aux poètes romantiques du début du XIX<sup>e</sup> siècle, Keats, Shelley, Byron, Wordsworth. Keats, l'amoureux passionné de la beauté dans la nature, les femmes et l'art, nous a donné ces mots : « Tout objet de beauté est une joie éternelle » (Keats, 1818, *Endymion*, livre 1). Il est mort très jeune, à vingt-cinq ans, de tuberculose. Alors que la mort se rapprochait de lui, il écrivit ses poèmes les plus célèbres, dont *Ode sur une urne grecque*, dans laquelle il se tourne vers la beauté pour transmettre la vérité de la condition humaine.

« Heureux, heureux rameaux, qui ne sauriez répandre
Votre feuillage, ni jamais dire au Printemps adieu ! » (Keats, 1819, strophe III)

Les rameaux resteront verts et, poursuit Keats, le musicien continuera à composer de nouvelles chansons. Alors que le grand âge consumera la présente génération, seule l'urne demeurera. Le poète conclut avec son célèbre couplet :

« "La Beauté, c'est la Vérité ; la Vérité, Beauté" – voilà tout
Ce que vous savez sur Terre et tout ce qu'il faut savoir. » (Ibid., strophe V)

Cet objet d'une immortelle beauté, l'urne grecque, avec ses rameaux à feuillage persistant, rappellera à jamais à celui qui la regarde que seules la beauté et la vérité sont éternelles. Nous sommes finis ; la beauté et la vérité sont infinies. Alors que nous cheminons dans la vie et cherchons la vérité, nous la trouvons dans la beauté.

Nous arrivons maintenant aux temps modernes, où le progrès scientifique et technique a souvent occulté notre amour de la beauté. Dans nos pays développés, l'humanité est enveloppée dans le matériel – le quantifiable. C'est comme si nous portions des œillères qui nous empêchent de voir le spirituel – l'incommensurable. Nous sommes pris de frénésie dans notre vie quotidienne. Nous ne prenons plus le temps de nous arrêter et de contempler la beauté qui nous entoure. Mais nos poètes et nos mystiques continuent de nous rappeler où regarder, où porter nos yeux.

Rainer Maria Rilke (1875-1926) écrit que la beauté est une communion avec l'ineffable. Comme nous l'avons mentionné au chapitre 2, Rilke correspondait avec un jeune homme qui voulait devenir poète. Dans *Lettres à un jeune poète*, Rilke donne de précieux conseils, lui recommandant de communier avec la nature. La poésie suivrait. Tout comme la croyance en une sorte de beauté. La nature est notre seul véritable enseignant.

Près de vingt ans plus tard, dans son chef-d'œuvre, *Élégies de Duino*, il élargit ce thème et célèbre la grandiose beauté qui ouvre notre cœur et notre imagination à notre Créateur.

> « Il nous reste peut-être un arbre, quelque part sur la pente, /que tous les jours nous puissions revoir […] Maintes étoiles voulaient être perçues. »
> (Rilke 1923, Première Élégie.)

Chaque jour, nous pouvons apporter la beauté à notre regard : l'arbre sur la pente, les étoiles qui attendent que nous les percevions. Ce faisant, notre imagination est transportée de la création jusqu'au Créateur.

Écoutons une fois encore Thomas Merton, le moine trappiste (1915-1968), dont la première rencontre avec la foi chrétienne eut lieu devant une icône byzantine du visage du Christ, dans une église à Rome. La beauté de l'icône le submergea. Il y avait encore beaucoup de pas sur son chemin avant qu'il devienne moine et passe les trente années restantes de sa vie dans un monastère du Kentucky, mais Merton avait été touché par la beauté. L'icône avait ouvert la porte au monde spirituel. Merton tenait un journal ; il écrivit des centaines de lettres ainsi que plus de soixante-dix livres. En lisant ses journaux, nous apprécions sa capacité croissante d'attention. Son écriture avive notre propre perception de la beauté. Voici un extrait où il discerne la beauté dans la forêt qui entoure son ermitage, ce qui le transporte à la source de toute beauté.

« 23 avril [1964]. Parfois je vois soudain une beauté paradisiaque. Par exemple, dans le blanc pur, si pur, des fleurs épanouies du cornouiller, sur les sombres conifères du jardin nuageux [...] J'ai le sentiment que ce paradis sous-jacent est la vraie nature des choses. » (Merton 1964 p. 44.)

Merton écrit ici sur l'art et la pratique de l'observation. La beauté des fleurs d'un blanc pur du cornouiller sur les sombres conifères, et révèle le caractère paradisiaque de toute chose. C'est le regard qui parvient à unifier le monde visible et le monde invisible.

Sa dernière et plus forte expérience numineuse, quelques jours avant sa mort prématurée, le 8 décembre 1968, se déroula en présence des colossales statues bouddhistes de Polonnaruwa, au Sri Lanka. Son *Journal d'Asie* le manifeste. Selon ses propres mots, il fut arraché net à sa vie passée. Il vécut un ultime moment de transcendance.

« Je ne sais pas quand, dans ma vie, j'ai eu un tel sentiment où la beauté et le bien-fondé spirituel se rencontraient dans une telle illumination esthétique. » (Merton 1973, p. 235)

## Voir la beauté avec les mots : éveiller l'âme

Avant de terminer cette brève histoire de la vénération de la beauté au fil des siècles, je citerai un autre poète très aimé, auteur et prêtre, John O'Donohue (1956-2008), connu pour avoir popularisé la spiritualité celtique. À l'instar de Thomas Merton (il est intéressant de noter que les deux hommes sont tous deux morts malheureusement au début de la cinquantaine), il voyait la beauté comme le rayonnement de l'Éternel. Dans son livre *Beauty, the Invisible Embrace*, il écrit que chaque fois que nous éveillons la beauté, nous aidons à rendre Dieu présent dans le monde. Chaque fois que nous levons la tête la nuit pour contempler le ciel piqueté d'étoiles, nous partageons notre vision du divin.

La Terre est pleine d'endroits où la beauté attend notre regard. Le poète décrit l'un d'eux :

« J'étais sur le Loch Corrib, le plus grand lac de l'ouest de l'Irlande. Le lac dormait, sans aucune vague. Une brume bleu-gris enveloppait toute chose […] Puis une brutale ondulation apparut, la surface du lac se fendit et un énorme cormoran surgit de l'intérieur de l'eau et s'envola : ses ailes noires déchiquetées et sa grande silhouette insolite ressemblaient à une éruption du monde souterrain […] L'étrange beauté du cormoran faisait contrepoint à la délicatesse de rêve du lac. » (O'Donohue 2005, pp. 11-12.)

Ici, il n'y a pas seulement la beauté du lac endormi dans un brouillard bleuté, il y a aussi la terrifiante beauté de l'énorme cormoran noir qui surgit de sous la surface. La beauté est à la fois le bleu tendre et le noir brutal. O'Donohue pensait que la présence du contemplatif et de l'artiste est finalement une invitation à s'éveiller à la beauté. « Lorsque nous embellissons notre regard, la grâce de la beauté cachée devient notre joie et notre sanctuaire. »

O'Donohue nous rappelle que le monde est un champ électromagnétique. Lorsque nous embellissons notre regard, nous apprenons à nos yeux à voir le flux des différentes couleurs dans le spectre. Chaque plante, chaque fleur, chaque ondulation sur le lac s'anime sous les rayons du soleil. Nous nous éveillons à la beauté, et la beauté nous éveille à l'Éternel.

Voici une suggestion d'écriture :
Prenez un moment pour écrire dans votre journal une expérience de beauté. Fermez les yeux et souvenez-vous d'une promenade, d'un arbre sur une colline, d'un coucher de soleil, d'une simple étoile. Une rencontre avec la beauté. Décrivez ce que vous avez vu, ce que vous avez ressenti.

**2) La beauté vue par C. G. Jung**

Comment Jung répond-t-il à l'appel de la beauté ? Tournons-nous d'abord vers *Ma vie*. Jung se rappelle que, jeune enfant, il ressentait un profond bonheur lorsqu'il était près d'un plan d'eau. Une fois, lorsque sa mère l'emmena chez des amis qui avaient un château au bord du lac de Constance, il se souvient d'un plaisir inimaginable.

« On ne parvenait pas à m'éloigner de la rive. Le soleil scintillait sur l'eau. Les vagues des bateaux venaient jusqu'à nous sur le rivage. Ils avaient formé de petites rides sur le fond de sable. Le lac s'étendait dans un lointain infini et cette immensité était un plaisir indescriptible, une merveille sans pareille. Alors se fixa solidement en moi l'idée que je devais vivre au bord d'un lac. Je pensais qu'on ne pouvait exister qu'au voisinage de l'eau. » (Jung 1962, p. 26)

Et en effet, Jung construira sa tour à Bollingen, sur les rives du lac de Zurich. Comme nous le verrons au chapitre 8, Jung sentait que c'était là l'environnement propice à sa vie profonde. « À Bollingen, je me trouve dans l'être qui est le plus authentiquement moi-même. » (Ibid., pp. 262-263)

Beaucoup plus tard, alors qu'adulte il visitait le Kenya et l'Ouganda, Jung s'enthousiasma sur la beauté du lever de soleil. Chaque matin, il prenait son tabouret pliant et s'asseyait sous un acacia parasol, juste avant l'aube, pour regarder le soleil sortir de l'obscurité. Devant lui, au fond de la petite vallée, s'étendait une sombre bande de forêt vierge. L'horizon deviendrait d'un blanc éclatant.

« Peu à peu, la lumière qui montait semblait s'insinuer dans les objets mêmes qui s'éclairaient comme par le dedans et finissaient par être transparents comme des verres de couleur, tout se transformant en cristal scintillant [...] En ces instants j'avais l'impression d'être dans un temple. C'était l'heure la plus sacrée du jour. Je puisais dans cette splendeur d'insatiables ravissements ou plutôt une extase intemporelle. » (Ibid., pp. 308-309)

La beauté du lever du soleil transportait Jung dans un moment de félicité intemporelle. C'était la porte d'entrée vers une expérience de transcendance.

C'est aussi dans ses lettres à Emma, son épouse, que l'on découvre l'attention que Jung portait à la beauté de son environnement, ainsi que son désir de la partager. Dans la lettre qu'il écrivit à Emma depuis le paquebot *Empereur Guillaume le Grand*, alors qu'il revenait d'Amérique, sa description de la mer nous ramène à l'attrait qu'exerçait l'eau sur Jung enfant, et nous comprenons son attirance profondément enracinée. Elle impose à Jung le silence.

« 22 septembre 1909
[...] Chacun regarde au loin, muet, renonçant à toute puissance personnelle [...] La mer est comme la musique ; elle porte en elle et effleure tous les rêves de l'âme. La beauté et la grandeur de la mer viennent de ce qu'elle nous contraint à descendre dans les fécondes profondeurs de notre âme où nous nous confrontons avec nous-mêmes, nous recréant. » (Ibid., pp. 417-418)

Durant toute sa longue vie, Jung s'est tourné vers la beauté pour illuminer son chemin. Comme nous le savons, son magnifique *Livre Rouge* était destiné à contenir et mettre en valeur ses visions. Il y transcrivit ses pages de journal avec une impressionnante calligraphie. Il alla plus loin, en les embellissant par d'étonnantes peintures. Leur beauté saisissante n'exprime pas seulement l'importance que Jung accordait à chaque image, mais témoigne également de la profondeur de chacune de ses expériences.

« J'ai toujours su que ces expériences-là renfermaient quelque chose de précieux, et c'est pourquoi je n'ai rien trouvé de mieux que de les consigner dans un livre "précieux", c'est-à-dire coûteux, et de dessiner les images qui surgissaient lorsque je revivais ces expériences – aussi bien que possible. » (Jung 2009, p. 619)

Par la peinture, les images devenaient des objets précieux. Leur beauté servait à approfondir la conscience de ce que chaque vision révélait. Leur contenu devenait intensément vivant et il le reste pour ses lecteurs aujourd'hui. Si nous regardons le tableau que Jung peignit pour accompagner son chapitre *Le don de la magie*, nous sommes presque physiquement touchés par sa beauté. Le tableau

*La nuit tombe bleue*, C. G. Jung
Image 131, *Le Livre Rouge*

illustre la puissance de la manière dont s'unissent l'En bas et l'En haut. Jung voit que la puissance est dans l'Un. « La nuit tombe bleue et profonde d'en haut, la terre monte noire d'en bas » (Ibid., p. 425).

C'est à travers la beauté de sa peinture que la qualité numineuse de son expérience resplendit. La *coniunctio*, l'union de la lumière et des ténèbres, de l'en haut et de l'en bas, est rendue visible. Nous voyons l'obscurité s'élever de la terre depuis les racines de l'arbre jusqu'à ses branches et le bleu de la nuit descendre. Et le soleil couchant brille dans un mandala lumineux. Sa beauté élève notre esprit, et nous touchons l'éternel. Au centre du mandala, le cercle le plus à intérieur, très lumineux, est rempli de signes cunéiformes représentant l'éternité. Puis une superbe explosion de lumière se propage vers l'extérieur avec seize rayons de soleil traversant cinq cercles concentriques, chaque cercle étant un peu plus sombre, à mesure que la lumière se répand à travers la création. Et tout en haut au milieu des branches s'attarde la lune lointaine.

Jung, en dessinant ce superbe tableau, a réuni les deux mondes. Nous voyons au centre même du mandala le Soi irradiant sa lumière dans la création. C'est ce tableau que je regarde dans mon bureau, m'ouvrant à sa beauté. M'ouvrant à l'éternel.

### 3) La beauté vue par Simone Weil

Cette qualité numineuse lorsqu'on voit la beauté se retrouve dans les écrits de Simone Weil, philosophe, mystique et militante politique française, contemporaine de Jung. Désireuse de partager les conditions de vie de ceux qui avaient le plus souffert, les ouvriers en France avant la Seconde Guerre mondiale et les blessés de Londres pendant la guerre, elle se laisse mourir de malnutrition. Weil voyait la beauté comme le portail le plus naturel vers le royaume de la transcendance. Dans son livre *Attente de Dieu*, elle écrit qu'une sensibilité à la beauté reste enracinée dans le cœur de chaque être humain. L'âme a une tendance naturelle à aimer la beauté. « L'amour de cette beauté procède de Dieu descendu dans notre âme et va vers Dieu présent dans l'univers. » (1966, p. 112) Quand nous ressentons la beauté dans la nature – la splendeur du ciel, de la mer et des montagnes – et dans le mariage et l'amour véritables, où se reflète, même si elle brille faiblement, la splendeur céleste, nous ressentons la beauté universelle.

Pour expliquer cette qualité transcendante de la beauté, Weil utilise la métaphore du labyrinthe. La beauté que nous voyons nous conduit dans le labyrinthe, dans le centre duquel l'éternel nous attend.

> « La beauté du monde est l'orifice du labyrinthe. L'imprudent qui, étant entré, fait quelques pas, est après quelque temps hors d'état de retrouver l'orifice. […] s'il continue à marcher, il est tout à fait sûr qu'il arrivera finalement au centre du labyrinthe. Et là, Dieu l'attend pour le manger. Plus tard il ressortira, mais changé, devenu autre, ayant été mangé et digéré par Dieu. Il se tiendra alors auprès de l'orifice pour y pousser doucement ceux qui s'approchent. » (Ibid., pp. 111-112)

Weil illustre cela avec l'histoire de Coré, plus connue sous le nom de Perséphone. Pour admirer la beauté fraîche du narcisse, respirer son parfum, elle tendit la main et fut enlevée par Hadès, le dieu des Enfers. Nous lisons dans le mythe :

> « Dans son char tiré par des coursiers noirs de charbon, il sortit d'un gouffre dans la terre, et saisissant la jeune fille par le poignet, il la plaça à côté de lui. Il l'emporta, en pleurs, dans le monde souterrain. » (Hamilton 1969, p. 50)

La beauté fut le piège qui attira Perséphone. À peine s'était-elle arrêtée pour admirer le narcisse en fleur qu'elle tomba entre les mains du Dieu vivant. Je m'arrête ici, en pensant à quel point ce récit du mythe de Perséphone est extraordinaire. Nous nous attardons si souvent sur sa mère Demeter réclamant sa fille, disparue de la surface de la Terre, et nous oublions comment cela s'est passé. C'est la beauté qui a permis à Hadès de la kidnapper. Nous pouvons nous imaginer captivés par un spectacle d'une beauté exquise, puis emportés dans le monde souterrain, dans le divin.

Je reviens au labyrinthe que Weil a évoqué. C'est l'un des symboles les plus anciens de l'humanité, datant de 2500 avant J.-C. et plus. Des pétroglyphes de Goa, des cours de l'Égypte ancienne, des roches sculptées en Grèce, des palais de la Crète (Knossos) jusqu'aux cathédrales gothiques de Chartres, Reims, Amiens, le labyrinthe continue, tout au long des siècles, à exprimer une aspiration universelle et archétypale pour le sacré. Voici une reproduction du pavement labyrinthique du sol de la cathédrale de Chartres, placé au début du XIIIe siècle de notre ère au milieu de la nef, invitant les fidèles à marcher sur son chemin jusqu'à Dieu, qui en occupe le centre.

C'était aussi une représentation du pèlerinage à Jérusalem. Les fidèles qui ne pouvaient pas faire le pèlerinage réel le pouvaient en empruntant le chemin sinueux du labyrinthe. Nous voyons ici un symbole archétypal de la psyché sur le chemin de l'individuation. Jung décrit le labyrinthe comme « une image originelle que l'on rencontre en psychologie, généralement sous la forme imaginaire de la descente dans le monde souterrain » (Lettre à Karl Kerényi, 10 mars 1941). Nous pensons à la propre descente de Jung décrite dans *Le Livre Rouge*. Nous pensons aussi à notre propre pèlerinage à travers la vie, sur le chemin de l'individuation.

À la cathédrale de Chartres, le labyrinthe est le plus souvent recouvert de chaises pour les liturgies. Cependant, à la cathédrale Grace de San Francisco, il est à l'extérieur,

*Labyrinthe de la cathédrale de Chartres*

magnifiquement exécuté en pierres. J'ai pu le parcourir le matin de son inauguration. Des ouvriers s'agitaient, s'assurant que tout était prêt. J'étais seule, dans mon propre monde. Quand j'atteignis le centre, les cloches et l'enregistrement du cantique *Amazing Grace* commencèrent à se faire entendre. Un moment de transcendance.

Lorsque nous parcourons un labyrinthe aujourd'hui, nous pouvons penser à trois attitudes durant ce pèlerinage :
- Relâcher. Entrons, mettons de côté les détails de notre vie et suivons le chemin tortueux dans l'inconscient, qui s'approfondit en allant vers le centre.

- Recevoir. Faisons halte au centre et recevons tout cadeau qui s'y trouve, un don de Dieu, d'Allah, du Tao, de la conscience du Soi.
- Revenir. Quittons le centre et repartons vers le monde extérieur, emportant avec nous l'énergie de guérison, l'amour que nous avons reçus.

Nous vivons les trois attitudes comme un chemin vers l'individuation, un chemin vers le centre. Et quand nous retournons dans le monde extérieur, Silone Weil nous demande de rester près du seuil afin d'encourager les autres à entrer. D'encourager les autres à répondre à l'appel de la beauté. Nous ne pouvons pas accumuler les dons du labyrinthe. Ils sont là pour être partagés. Et c'est ce que fit Jung en composant *Le Livre Rouge*. Il voulait donner à ses visions la belle expression qu'elles méritaient. Et c'est ce que firent Sonu Shamdasani, l'éditeur et traducteur, et tous ceux qui ont participé à sa publication, en mettant *Le Livre Rouge*, ce don du labyrinthe, à notre disposition à tous.

Nous pouvons, nous aussi, suivre notre image dans le labyrinthe, comme Perséphone suivit son narcisse dans le monde souterrain. Laissons notre image nous conduire dans ce chemin tortueux vers le centre.

Voici une suggestion de visualisation :
Si vous le souhaitez, je vous suggère d'imaginer que vous suivez votre image dans le labyrinthe illustré ci-dessus. Parcourez-en peut-être doucement le tracé avec votre crayon. Une fois au centre, faites halte et recevez. Quand vous êtes prêt à partir, revenez à l'entrée.

### 4) La beauté célébrée par quelques écrivaines contemporaines

Dans notre propre vie personnelle, comment répondons-nous à l'appel de la beauté ? Comment pratiquons-nous cet art du regard ? J'évoque les exemples de deux auteures contemporaines qui ont chacune célébré la beauté dans le monde qui les entoure.

### Terry Tempest Williams

Tout d'abord, Terry Tempest Williams, que j'ai présentée au chapitre 2. Elle a écrit *Finding Beauty in a Broken World* en réponse à la terreur et à la destruction du 11 septembre 2001. Elle n'arrivait pas à savoir comment continuer à créer, comment continuer son travail d'écrivaine. « La paix dans nos cœurs a volé en éclats, comment ramasser les morceaux ?

Williams accepte d'accompagner comme scribe l'artiste visionnaire Lily Yeh au Rwanda, où, avec d'autres artistes aux pieds nus, elles créeront un mémorial du génocide, honorant les huit cent mille Tutsis massacrés en cent jours en 1994. Williams utilise l'art pour témoigner comment la beauté émerge des ruines.

Elle recueille les récits de mort et de résilience tandis qu'elle aide les survivants à ramasser les décombres de la guerre. Ils construisent jour après jour, avec les artistes, une mosaïque de beauté par-dessus les os enterrés. Le village renaît grâce à l'art.

> « J'en témoigne : un village au Rwanda est en train de revivre par la peinture, il insuffle vie à sa communauté par la couleur et le geste émancipateur et joyeux de créer la beauté. » (Williams 2008, p. 336)

En aidant à la construction de ce monument commémoratif, Williams illustre le pouvoir de guérison de la beauté. Familles, artistes et survivants étaient réunis. Il existe dans toute l'humanité un appel à créer la beauté.

> « La mosaïque célèbre la ruine et la beauté d'être rassemblés [...] Ce qu'une vie attentionnée

permet, c'est la capacité de trouver la voie menant à une unité construite sur l'empathie. L'empathie devient le chemin qui nous conduit des lisières vers le centre de la préoccupation. » (Ibid., p. 385)

Un chemin des lisières vers le centre. Williams nous montre la voie. Un chemin dessiné par l'empathie vers l'unité de l'humanité. Nous revoici aux mandalas que Jung a dessinés. Tous les chemins menaient au centre. Et au labyrinthe de Weil. Terry Tempest Williams fut saisie par la beauté. Elle la suivit jusqu'au centre pour aider à créer la mosaïque commémorative au Rwanda, puis elle revint à la circonférence et, scribe, nous donna ce livre.

**Marion Woodman**

Une autre écrivaine a célébré la beauté, Marion Woodman, une voix très appréciée dans le développement des femmes et une analyste jungienne. Dans son livre *Bone, Dying into Life*, elle raconte sous forme de journal l'histoire de sa maladie (cancer de l'utérus), le processus de sa guérison, son cheminement vers sa propre transformation. Woodman écrit qu'il n'y a pas d'explication précise pour le « miracle de la guérison », selon ses recherches, lesquelles lui ont également appris que les images qui nous nourrissent ont un effet sur les globules blancs qui renforcent le système immunitaire. Ce fait réconforta son esprit et la soutint durant toute la période où elle écrivait dans son journal. Elle serait attentive aux images de beauté qui l'entourent.

Voici un passage écrit le jour de son retour chez elle, après son opération lourde.

« 22 novembre 1993
Placez des fleurs dans chaque pièce. Prenez plaisir chaque matin à leur donner de l'eau

fraîche, à couper leurs tiges, à voir leur visage – en particulier maintenant les lys, avec leurs étamines et leurs pistils sexy – la totalité du processus de la vie. Leur ouverture progressive, qui chante leur Gloria, magnifie Dieu. Ensuite leurs pétales deviennent inévitablement diaphanes lorsqu'ils changent de couleur. Puis ils lâchent prise, silencieusement [...] L'heure que je passe avec eux tous les matins m'est source de guérison. » (Woodman 2000, p. 23)

Chaque matin, Woodman nourrit ses fleurs et leur beauté lui fait plaisir. Et chaque matin, elles la nourrissent et lui apportent la guérison. Elle voit en elles tout le cycle de la vie, de leur ouverture progressive à leur lâcher-prise. Elle les chérit avec ses mots.

Vers la fin de son journal, elle écrit qu'elle accompagne son mari, Ross, pour voir les cygnes sauvages se diriger vers Grand Bend. Cela aussi fait partie de son traitement, voir les cygnes s'envoler.

« 15 mars 1995
Quel spectacle glorieux ! Alors qu'ils s'élèvent des champs de maïs et volent vers le lac, ils passent juste au-dessus de nos têtes. Nous pouvons voir la dentelle de leurs ailes, d'un blanc immaculé, et entendre leur triste appel. Une telle élégance – tous en parfaite position de formation, volant tout allongés [...] Quand les cygnes en ligne volent vers le coucher du soleil, on dirait des crêtes blanches sur de longues vagues océaniques ; leurs ailes se déplacent avec un rythme lent, tout comme les éternelles ondulations des eaux. » (Ibid., pp. 235-236)

En comparant le battement de leurs ailes aux éternelles ondulations de la mer, Woodman nous rappelle l'attirance de Jung pour l'eau, sa beauté et son mouvement. L'agitation perpétuelle de l'eau est un appât. La beauté est un appât. Nous sommes captivés par le vol des oies sauvages. Sortis de nous-mêmes, nous voici dans le monde invisible, où corps et esprit ne font qu'un. Cela guérissait Marion Woodman.

**Susan Tiberghien**

Avant de clore ce chapitre, je vais vous dire comment je pratique cet art du regard. Presque quotidiennement, je fixe mon attention sur une image de beauté : le soleil sur le lac, l'érable du Japon, le forsythia au début du printemps, le groupe d'oiseaux à la mangeoire. Et à l'intérieur de ma maison : la coquille de nautile sur mon bureau, les fleurs fraîchement coupées, une pivoine dans un vase en étain sur ma table. Je regarde les pétales rose foncé, je ferme les yeux et j'imagine que j'y entre, poussant doucement de côté chacun d'eux pour atteindre le centre. Je m'arrête et me repose au centre, là où Jung place le Soi, son image de Dieu. Et j'écris à ce sujet dans mon journal.

Dans mon dernier livre, *Side by Side*, récit de nos longues années de vie de couple, je commence chaque chapitre par un extrait de mon journal relatif à une image de la nature qui avait retenu mon attention. L'image – une feuille d'érable, des tournesols, du lierre à feuilles persistantes, un gland, un lac de montagne – devient un appât, elle m'entraîne plus profondément dans mes réflexions et mon écriture. Je continue à écrire, page après page, en la suivant dans le labyrinthe de notre relation. Voici un extrait de mon journal sur le lierre à feuillage persistant qui recouvre la façade de notre maison.

« Genève, le 20 octobre
Quand Pierre et moi sommes sortis ce matin, j'ai regardé le lierre sur le mur près de notre porte d'entrée. Les feuilles étincelaient au soleil. Je me suis concentrée sur quelques feuilles seulement, je voyais briller chacune d'elles, qui escaladait le mur avec ses petits bourgeons. Chaque feuille est tout un monde en soi.

« En écrivant, je vois à nouveau le lierre dans mon imagination […] Je pense à Basho qui a écrit que la poésie surgit quand on plonge assez profondément dans ce que l'on regarde "pour voir quelque chose comme une lumière cachée qui scintille là-bas." C'est ce que je veux faire avec les images sur lesquelles j'écris. Plonger en elles. Et voir une lueur scintillante […]

« La nature devient mon église. Ses couleurs changeantes, ma liturgie […] C'est ma lecture du dimanche. Je pourrais en faire ma lecture quotidienne. » (Tiberghien 2015, pp. 130-131)

*Le lierre à feuillage persistant*

J'écris sur la beauté de chaque feuille qui brille au soleil du petit matin. Chaque feuille est un mystère, tout un monde en soi. Et oui, je veux m'y plonger. Pour la suivre jusqu'au centre, jusqu'à la lumière scintillante. J'écris cette scène dans mon journal. Et je prends une photo de mon lierre à feuillage persistant dont les bourgeons blancs attendent l'hiver pour fleurir. Je pense au *Livre Rouge*, à Jung qui conseillait à Christina Morgan de tenir un journal, lui disant, disant à nous tous, que le journal serait notre cathédrale, le lieu de notre âme. Regarder un élément de la nature et s'éveiller à sa beauté. Puis écrire à ce sujet dans son journal. C'est maintenant à votre tour de revenir à votre image et d'écrire à son sujet. Pour voir la beauté avec vos mots. Pour laisser la beauté montrer le chemin vers l'Infini.

Voici une suggestion d'écriture :

Revenez à votre image. Fermez peut-être les yeux et concentrez-vous sur elle. Regardez-la. Puis écrivez quelques mots pour décrire la scène et célébrer la beauté.

En conclusion, lorsque nous répondons à la beauté de cette façon, nous honorons et protégeons non seulement la beauté dans notre vie et notre environnement, mais aussi la beauté dans la création tout entière. Notre univers est un tout. Ce que nous touchons affecte la totalité. En peignant sa vision de l'union de l'En bas et de l'En haut – la beauté de la nuit qui tombe bleue et de la terre qui monte noire –, Jung a touché des millions d'âmes. Et nous aujourd'hui, quand avec nos mots nous partageons le rayonnement de la beauté, nous partageons son rayonnement avec le monde qui nous entoure.

# Chapitre 6

## *Pratiquer l'alchimie : des ténèbres à la lumière*

> « L'obscur enfante le lumineux […] l'inconscient devient conscient. »
> C. G. Jung (1929, p. 41)
>
> « Ce que le mot ne pouvait exprimer qu'imparfaitement, voire pas du tout, l'alchimiste l'a confié à l'image. »
> C. G. Jung (1944, p. X)

Pourquoi Jung fut-il si ému en lisant *Le Mystère de la Fleur d'Or*, si profondément ému qu'il mit de côté le *Livre Rouge* pour approfondir son étude de l'alchimie ? Et pourquoi aujourd'hui l'alchimie nous intéresse-t-elle ? Nous examinerons d'abord sa signification et la façon dont elle a été pratiquée au cours des siècles. Ayant saisi cela, nous comprendrons mieux comment Jung put découvrir les parallèles entre les procédures alchimiques et sa psychologie analytique : en réalité, il voyait la pratique de l'alchimie comme une exploration du soi.

Nous étudierons ensuite les étapes de l'alchimie – *nigredo*, *albedo*, *rubedo* – et verrons comment elles correspondent aux étapes de l'individuation, comment elles peuvent nous aider à approfondir notre propre exploration du soi. Nous lirons des extraits du *Livre Rouge* et de *Ma vie*. Enfin, nous examinerons les ouvrages de plusieurs auteurs contemporains, dont Margaret Atwood, Paulo Coelho, Joseph Brodsky, avec des exemples sur leur façon d'écrire de l'obscurité à la lumière. Nous deviendrons nous-mêmes alchimistes.

## 1) Introduction et histoire de l'alchimie

Avant de nous intéresser à l'alchimie et au passé, penchons-nous sur l'époque extrêmement sombre et difficile dans laquelle nous vivons : guerres, terrorisme, immigration de masse, famine, changement climatique. Nous ne savons pas comment intervenir. Il est presque impossible de ne pas se sentir impuissant. Pourtant, au fil des siècles, nous avons les témoignages d'âmes incroyablement courageuses qui ont affronté les ténèbres. Saint Jean de la Croix, qui fut emprisonné dans un cachot à Tolède, écrivit *La nuit obscure*. Dante, dans *La Divine Comédie, L'Enfer, chant 1*, nous dit : « Au milieu du chemin de notre vie, je me retrouvai dans une forêt obscure. » Jung lui-même a volontairement plongé dans l'inconscient où, pendant seize ans, il a cherché son chemin. Etty Hillesum, confrontée à sa mort imminente à Auschwitz, eut ces mots : « Nous n'avons qu'un seul devoir moral, celui de retrouver la paix en nous et de la faire rayonner autour de nous. » Et Martin Luther King, dans un climat de violence et de haine raciales, disait, peu avant son assassinat : « L'arc de l'univers moral est long, mais il penche toujours vers la justice. »

Comment trouvons-nous le courage d'affronter les ténèbres ? Comment retrouver des zones de paix ? L'alchimie nous montrera le chemin. Souvenons-nous du rêve de Jung, jeune adulte, où il avançait lentement dans la nuit contre un vent puissant. Il protégeait des deux mains une petite lumière. Tout dépendait de sa capacité à maintenir cette petite flamme vivante. Chacun de nous porte une lumière, allumée en lui par une étincelle divine. Tous les mythes de la création en parlent : les étincelles de feu, les graines de lumière, les *scintillae* gnostiques, les éclats dans le Zohar de la Kabbale. Pour découvrir ces étincelles, pour retrouver la paix en nous, nous allons apprendre des alchimistes.

Cette pratique ancienne visait à transformer les métaux non précieux, le plomb et le cuivre, en argent et en or. C'était une discipline matérielle. Quand les alchimistes réalisèrent que la transmutation des métaux pouvait servir de métaphore pour la transformation de la nature humaine, l'alchimie devint une discipline spirituelle. Non seulement les alchimistes cherchaient à transmuter la matière, mais ils cherchaient à se transformer eux-mêmes. Pour trouver l'argent et l'or en eux.

Le mot vient du grec *chemeia*, dérivé de Khem, un ancien nom de l'Égypte, et de l'article défini arabe *al*. Ses racines sont donc grecque, égyptienne et arabe. Les premiers textes alchimiques existant en Occident sont des papyrus en grec qui décrivent cet art mystérieux, originaire d'Égypte. Marie-Louise von Franz, une collègue de Jung, dans son livre *Alchemy - An Introduction to the Symbolism and the Psychology,* définit l'alchimie comme une science naturelle qui cherche à comprendre le mystère de la nature. Tenons-nous en à cette définition.

Nous pouvons représenter ce mystère de trois manières différentes.

- Depuis la nuit des temps, l'alchimie a été une pratique chimique pour trouver de l'or dans les vils métaux, pour trouver la pierre philosophale.

- Progressivement, elle est devenue une pratique spirituelle pour trouver les étincelles du Créateur dans la création, pour trouver l'âme du monde, *anima mundi.*

- Et plus récemment, en termes psychologiques, il s'agit d'une pratique psychologique qui consiste à trouver le soi, l'archétype de la plénitude.

Le but est le même : dévoiler le mystère de la nature.

De l'Égypte nous vient l'un des plus anciens textes alchimiques occidentaux connus, *La prophétesse Isis à son fils Horus*, qui remonte au Ier siècle de notre ère. Sous l'Empire romain, Isis était reconnue pour être alchimiste. Le texte relate une légende beaucoup plus ancienne. Dans son livre *Alchemy*, Marie-Louise von Franz livre sa version de la légende. Quand l'un des anges voulut faire l'amour à Isis, elle lui demanda d'abord le secret alchimique de la fabrication de l'or, l'élixir de la vie. L'ange répondit que c'était au-delà de ses connaissances et lui envoya un ange de rang plus élevé. Celui-ci voulut aussi faire l'amour à Isis. Il lui révéla le secret, lui enjoignant de n'en parler à personne d'autre qu'à son fils. On ne sait pas s'ils firent l'amour.

Von Franz donne la recette antique de l'élixir alchimique. Elle débute ainsi : « Prendre du vif argent, le fixer dans de la terre ou du soufre et l'y conserver : c'est la fixation par la chaleur ; puis prendre une partie de plomb, deux parties de pierre blanche, mélanger et réduire […] » (von Franz 1980, p. 50). La recette continue par des paragraphes de plus en plus complexes et ésotériques. Nous voyons ici que l'alchimie est née de la résistance d'Isis à l'ange. Comme l'écrit von Franz, « Isis a fondé l'alchimie, elle en a fait quelque chose, alors que l'ange l'a gardée pour lui (Ibid., p. 63). »

De cette ancienne légende d'Égypte, passons en Grèce et aux enseignements et écrits d'Aristote, au IV$^e$ siècle avant J.-C. Il croyait que toute chose tendait vers la perfection. Puisque l'or est le métal le plus parfait, il était raisonnable de penser que la nature l'avait créé à partir d'autres métaux enfouis au plus profond de la terre. Faisant écho à la recette de la prophétesse Isis, Aristote donne des instructions pour blanchir la terre, la sublimer par le feu, jusqu'à ce que l'Esprit qui s'y trouve soit libéré. Il définit la terre blanchie comme la « quintessence », le cinquième élément à placer à côté du feu, de l'air, de l'eau et de la terre.

À l'autre bout du monde, nous avons *Le Mystère de la Fleur d'Or*, un texte du IX$^e$ siècle de notre ère attribué à Lü Yen, qui lui-même fait remonter ce savoir secret à Lao Tseu et au *Tao te King*. C'est ce texte qui impressionna tellement Jung quand Richard Wilhelm, sinologue et missionnaire allemand en Chine, le lui envoya en lui demandant s'il voulait écrire un commentaire. Le texte rassemble d'anciennes idées taoïstes et bouddhistes, utilisant des symboles alchimiques pour décrire la transformation de l'âme humaine. En reliant l'esprit et l'âme personnels à l'esprit et à l'âme transpersonnels, la fleur d'or se forme. La fleur d'or est le symbole de la vraie conscience, la reconnaissance du Soi Supérieur.

Une gravure du XVIII$^e$ siècle représente un couple d'alchimistes à l'œuvre, produisant précisément la fleur d'or. La gravure provient de *Mutus liber*, ou *Livre muet*, publié pour la première fois en 1677. Jung avait une copie de la première édition et l'utilisa pour illustrer son livre *Psychologie et Alchimie*. Je l'inclus ici pour montrer la fleur dans les troisième et quatrième dessins.

*Les alchimistes à l'œuvre, manuscrit du XVIII$^e$ siècle*

Remarquons que les alchimistes sont deux, homme et femme : il y a ici une *coniunctio*, un rapprochement, masculin et féminin. Ils versent les vils métaux dans un vase et le placent dans le four. Après cuisson et distillation, la fleur dorée se forme. Dans le quatrième dessin, la femme alchimiste prélève soigneusement la fleur d'or. Ensemble, ils vont recommencer une fois encore le processus.

Continuons notre revue de l'histoire de l'alchimie. De culture grecque, Zosime de Panopolis, alchimiste et mystique du IV$^e$ siècle de notre ère, a écrit l'un des premiers ouvrages d'alchimie, *Le livre véritable de Sophé l'Égyptien, du divin Seigneur des Hébreux (et) des puissances Sabaoth*. Il définit l'alchimie comme incarnation et désincarnation, comme la libération des esprits du corps puis leur rattachement au corps. La transformation du plomb et du cuivre en argent et en or devait toujours refléter un processus intérieur de purification et de rédemption. Il imaginait le vase alchimique comme fonds baptismaux pour la transformation spirituelle, et les vapeurs sublimées de mercure et de soufre comme les eaux purifiantes du baptême. Suite à ses nombreux rêves et visions, l'alchimie devint bien plus une expérience religieuse qu'une protoscience. Jung, dans *Ma vie*, fait référence aux visions de Zosime, les comparant au texte de la messe dans la liturgie catholique (Jung 1962, p. 245).

Passons maintenant à l'Islam médiéval et à l'alchimiste arabe du X$^e$ siècle, Ibn Umail, également connu sous le nom de Senior Zadith, ou simplement Senior. Comme ses prédécesseurs, Senior voyait en l'alchimie une œuvre spirituelle. Dans son livre, *De Chemia*, on trouve le dessin d'un oiseau ailé (l'âme) et d'un oiseau sans ailes (*materia prima*), qui se tiennent l'un l'autre. L'inscription dit : « L'oiseau sans ailes empêche l'oiseau ailé de s'envoler, tandis que l'oiseau ailé veut soulever l'oiseau sans ailes. » (von Franz 1980, p. 114) Ibn Umail pensait que le sens allégorique de l'alchimie était de produire l'oiseau ailé. Mais pour ce faire, l'oiseau sans ailes doit d'abord être déterré et libéré. Nous voyons ici l'interconnexion entre le monde inférieur et le monde supérieur, entre la *materia prima* et l'âme.

Au XVI$^e$ siècle, en Europe, vivaient le médecin et alchimiste suisse Paracelse et son disciple belge Gerhard Dorn, le premier alchimiste occidental à reconnaître que la pierre philosophale était cachée dans l'individu et que l'objectif pouvait être atteint par la réflexion et la méditation. Dorn, l'un des alchimistes les plus fréquemment cités par Jung, a défini trois étapes dans le processus alchimique :

- Séparez d'abord l'âme du corps et unissez-la à l'esprit.

- Puis réunissez l'âme et l'esprit avec le corps qui a été purifié, produisant ainsi la pierre philosophale.

- Et enfin, réunissez l'âme, l'esprit, le corps maintenant unis avec *l'unus mondus* originel, le monde dans lequel tout est un, le monde unitaire au-delà du microcosme et du macrocosme.

Dans ces étapes, nous discernons l'ancienne formule, *solve et coagula*, dissoudre et coaguler. Pour transmuter – que ce soit les métaux en or, ou la nature humaine en transcendance –, il faut d'abord séparer les éléments et ensuite les rapprocher. Souvenons-nous de Zosime : « désincarnation et incarnation ». Tirer les esprits hors des corps et ensuite lier les esprits purifiés à l'intérieur des corps. *Solve et coagula*. Séparer et réunir.

Au Siècle des Lumières, on se méfia de l'alchimie, considérée comme la poursuite de la magie. La révolution scientifique avec Copernic et Galilée, suivie de l'ère de la réflexion avec Descartes et John Locke au XVII$^e$ siècle, firent de la raison la source première de l'autorité. La méthode scientifique devint la règle. Qui pourrait croire que les vils métaux peuvent être transformés en or ? C'était de la superstition pure.

On en resta là jusqu'au siècle dernier et à C. G. Jung. Après des années d'étude des textes alchimiques, Jung put montrer en 1944, dans *Psychologie et alchimie*, que les différentes procédures alchimiques représentaient symboliquement l'exploration de l'inconscient et donc le processus d'individuation. La pierre philosophale, but de l'opus alchimique, était un symbole du Soi.

La porte était maintenant ouverte à la bonne appréciation de l'art de l'alchimie. Que ce soit en termes chimiques, spirituels ou psychologiques, l'alchimiste aspirait à l'union de la matière et de l'esprit dans sa quête du transcendant.

Arrêtons-nous ici pour réfléchir à ce que l'alchimie pourrait signifier pour nous. Une tentative de transformer, par la chimie, le plomb en or ? Ou une pratique spirituelle pour trouver l'or à l'intérieur de nous ? Ou la considérons-nous plutôt comme une pratique psychologique pour nous aider à donner un sens à notre vie ?

Voici une suggestion d'écriture :
Prenez quelques minutes pour décrire comment vous voyez l'alchimie aujourd'hui. Qu'est-ce que le mot évoque pour vous ? Quelle image vous vient à l'esprit ? Écrivez quelques lignes.

### 2) Jung et sa longue étude de l'alchimie

Passons maintenant à la longue étude de Jung de l'alchimie, qui débute en 1928, lorsque Jung reçut le texte alchimique chinois *Le Mystère de la Fleur d'Or* ; son ami, l'éminent sinologue allemand Richard Wilhelm, le lui envoya et lui demanda un commentaire. Sa lecture apporta à Jung la confirmation imprévue de ce qu'il avait découvert dans sa confrontation avec l'inconscient – ses seize années de réflexion contenues dans *Le Livre Rouge* – et dans le développement psychique de ses patients.

Jung venait de terminer son avant-dernière peinture du *Livre Rouge*, un mandala qui représente au centre un château en or. Dans son autobiographie, Jung écrivit : « Lorsqu'il fut terminé, je me demandai : "Pourquoi cela est-il si chinois d'allure ?" J'étais impressionné par la forme et le choix des couleurs, qui me semblaient avoir quelque chose de chinois. » (Jung 1962, p. 229) Ce fut une étrange coïncidence que Wilhelm lui envoie peu après *Le Mystère de la Fleur d'Or*. En étudiant le texte chinois, Jung vit dans sa peinture une représentation de ce qu'il était en train de lire, la fleur d'or et son chemin vers la transcendance. En souvenir de cette synchronicité, Jung écrivit sous le tableau : « 1928. Alors que j'étais en train de peindre l'image qui montre le château fort en or, Richard Wilhelm m'envoyait de Francfort le texte chinois vieux d'un millénaire qui traite du château jaune, le germe du corps immortel. » (Ibid., pp. 229-230) Pour Jung, il s'agissait d'un premier exemple de synchronicité, surmontant la désunion apparente entre le monde physique et le psychisme (Stein 1998, p. 209).

*Le Mystère de la Fleur d'Or* vint briser l'isolement de Jung et l'amena à étudier plus à fond l'alchimie. Il s'était familiarisé avec les textes alchimiques à partir de 1920, et maintenant il n'était plus seul. Il pouvait écouter ces anciens alchimistes, qui s'étaient consacrés à la découverte du sens de la création. Comme Shamdasani le souligne dans son Introduction au *Livre Rouge*, la compréhension de l'alchimie par Jung était basée sur sa thèse selon laquelle le symbolisme des textes des alchimistes correspondait à celui du processus d'individuation dans lequel lui et ses patients étaient engagés.

Dans son *Commentaire sur le Mystère de la Fleur d'Or*, il se demandait ce que les auteurs de cette œuvre faisaient pour parvenir à une sagesse intérieure aussi profonde. « Autant que j'aie pu voir, ils ne faisaient rien, *wu wei* [action non agissante] mais laissaient advenir. » (Jung 1929, p. 33) Jung poursuit en faisant référence à Maître Eckhart et à l'art du lâcher-prise soi-même, qui « est devenu pour moi la clé permettant d'ouvrir les portes qui mènent à la voie. » (Ibid.) En écoutant ces anciens alchimistes, Jung apprit comment ils s'étaient libérés du contrôle de leur conscient, en se servant des mêmes méthodes alchimiques qu'ils utilisaient pour transformer la matière.

Cette compréhension est préfigurée dans les rencontres de Jung avec Philémon, le gnostique et l'alchimiste, relatées dans le *Livre Rouge*. Jung prenait conscience du fil conducteur qui reliait sa psychologie à l'alchimie et encore plus au gnosticisme. Voici une partie du dialogue entre Jung et Philémon, l'Alchimiste, dans la section intitulée *Le Magicien*. Jung avait voyagé dans un pays lointain à la recherche d'un grand magicien dont il avait entendu parler. Après une longue recherche, il trouve la maison, entourée de tulipes, où le magicien Philémon vit avec sa femme, Baucis.

Nous nous souvenons, dans les *Métamorphoses* d'Ovide, du mythe de Philémon et Baucis, qui reçurent des dieux et les accueillirent dans leur humble demeure. Dans le mythe, Ovide donne à Baucis un rôle central. C'est elle qui tue leur dernière oie pour donner aux dieux un repas digne de ce nom. Et c'est leur relation et leur amour humain que les dieux honorent en les sauvant du déluge et en accédant à tous leurs souhaits. Cependant, lorsque, dans Le *Livre Rouge*, Jung décrit son entrevue avec le magicien, il ne s'adresse qu'à Philémon. Baucis reste en arrière-plan, elle n'est que l'autre moitié de Philémon. Jung apprendra de Philémon. Avec le temps, il apprendra de Baucis, de son côté féminin. Voici la rencontre.

« Je me tiens à la porte du jardin [...]. "Philémon, vieux sorcier, comment vas-tu ? [...]"
P : "Je vais bien, étranger, dit-il, mais que cherches-tu auprès de moi ?"
Moi : "On m'a dit que tu t'y entendais en magie noire. Je m'y intéresse. Veux-tu m'en parler ? [...]"
P : "Tu ne feras de toutes façons qu'en rire [...] Pourquoi devrais-je te dire quelque chose ? Il vaut bien mieux que tout soit enseveli avec moi. Plus tard, quelqu'un pourra le redécouvrir. Ce ne sera pas perdu pour l'humanité, car la magie renaît avec chacun être humain."
Moi : "Que veux-tu dire par-là ? Crois-tu que la magie soit véritablement un don inné que possède chaque homme ?"
P : "Je dirais : oui, bien sûr. Mais tu trouves cela ridicule." » (Jung 2009, pp. 439-440)

La conversation se prolonge, et Jung écoute jusqu'à ce que la tête lui tourne, à essayer de comprendre, et il doit quitter le jardin. Dans le commentaire qui suit, il écrit :

« C'est une erreur que de croire qu'il existe des pratiques magiques que l'on pourrait apprendre [...] La magie est une forme de vie. Si l'on a fait de son mieux pour conduire son char et que l'on se rend compte qu'un autre, plus grand que soi, le conduit, alors se produit l'effet magique. » (Ibid., pp. 444-446)

Jung continue à réfléchir. Le commentaire est long. Il se demande s'il a vraiment quitté Philémon insatisfait. Non, il l'a quitté vraiment satisfait. Satisfait parce que les paroles de Philémon l'ont laissé à lui-même.

« Tu es sage, Ô Philémon, car tu n'offres pas. Tu veux que ton jardin fleurisse et que chaque chose grandisse à partir d'elle-même. » (Ibid., p. 451)

C'est en cela que Jung reconnut que Philémon était un magicien, que, en servant les dieux qui lui rendaient visite, il unissait l'En haut et l'En bas. Pendant plus de dix ans, Jung déchiffra tous les textes alchimiques qu'il pouvait trouver, remplissant huit cahiers avec un index terminologique pour chaque livre et découvrant des parallèles avec ses propres théories psychologiques. Pour s'y retrouver dans le labyrinthe des processus de pensée alchimiques, il établit un lexique des expressions étranges, des mots et expressions clés. Il se rendit vite compte que les expériences des alchimistes étaient en quelque sorte les siennes, leur monde était le sien.

« Pour moi, cela fut naturellement une découverte idéale, puisqu'ainsi j'avais trouvé le pendant historique de la psychologie de l'inconscient. Celle-ci reposait dorénavant sur une base historique. La possibilité de comparaison avec l'alchimie, de même que la continuité spirituelle en remontant vers la gnose lui conférait substance. En étudiant les vieux textes, je me rendis compte que tout trouvait sa place : le monde des images de l'imagination, le matériel empirique dont j'avais fait collection dans ma pratique, ainsi que les conclusions que j'en avais tirées. » (Jung 1962, p. 239)

L'alchimie établissait le pont entre le passé, le gnosticisme, et l'avenir, la psychologie moderne de l'inconscient. Les images et les symboles des manuscrits alchimiques pouvaient être datés des premiers textes gnostiques – le premier amour de Jung parmi les systèmes ésotériques – et reliés aux images et symboles des rêves de ses patients. L'alchimie était la continuation du gnosticisme, deux systèmes basés sur une approche symbolique de la compréhension des mystères de la vie, et confortait Jung dans sa conviction que nous devons revenir à ces périodes de l'histoire humaine où la formation des images et des symboles se produisait encore sans entraves.

« Lorsqu'on accepte le symbole, c'est comme si s'ouvrait une porte qui mène dans une nouvelle pièce dont on ignorait auparavant l'existence […] La délivrance est une longue route qui mène à travers de nombreuses portes. Les portes sont les symboles. Chaque nouvelle porte est d'abord invisible. » (Jung 2009, pp. 432-433)

Jung avait compris que les trois étapes de l'alchimie – *nigredo*, *albedo*, *rubedo* – étaient des représentations symboliques de l'exploration de l'inconscient et du développement du soi. Chaque étape était, pour ainsi dire, une porte vers la suivante.

Il y a d'abord le *nigredo*. En termes chimiques, il s'agit du noircissement dans le four, la cuisson et la fonte des impuretés. En termes spirituels, c'est la séparation du corps et de l'âme afin qu'elle puisse s'unir à l'esprit. Pour Jung, en termes psychologiques, c'est la descente dans l'inconnu, l'ego découvrant son ombre dans l'inconscient, « cette personnalité voilée, refoulée, la plupart du temps inférieure et chargée de culpabilité […] mais qu'elle dénote [aussi] une série de qualités positives, à savoir d'instincts normaux […], de perceptions conformes à la réalité, d'impulsions créatrices. » (Jung 1951, p. 286) C'est en effet ce que Jung vécut à partir de 1913.

La deuxième étape s'appelle *albedo*. En termes chimiques, c'est le blanchiment, le lavage des impuretés, la distillation permanente, le processus de raffinage. En termes spirituels, c'est la réunion de l'âme et de l'esprit avec le corps qui a été lavé. Pour Jung, en termes psychologiques, c'est amener l'ombre à la lumière, unir le conscient et l'inconscient, le début de l'émergence du soi. C'est l'ouverture « pour aider le Dieu à naître. » (Jung 2009, p. 505)

La troisième étape est le *rubedo*. En termes chimiques, c'est le rougissement, le polissage, la cristallisation en fleur d'or, la création de la pierre philosophale. En termes spirituels, c'est l'union de l'être humain – maintenant âme, esprit, corps – avec le divin. Et sous l'aspect psychologique, c'est la nouvelle conscience, la manifestation du Soi, l'image de Dieu.

Jung a fait une étonnante peinture de la pierre philosophale pour illustrer un moment de *rubedo* au milieu de son voyage, quand il s'est senti rassuré après avoir tué son dragon imaginaire et prêt à écouter la voix des profondeurs.

Il écrivit dans *Le Livre Rouge* :

« Je ressens les choses qui furent et qui seront. Derrière la banalité quotidienne s'ouvrent, béants, les abîmes éternels. La terre me restitue ce qu'elle cachait. » (Ibid., p. 409)

Explication de l'illustration : « Cette pierre précieusement sertie est certainement la pierre philosophale. […] elle se déploie dans l'espace à travers quatre qualités distinctes, à savoir la largeur, la hauteur, la profondeur et le temps. Voilà pourquoi elle est invisible et tu peux la traverser sans le remarquer. Les quatre fleuves du Verseau s'écoulent de la pierre. » (Ibid., note 229)

Jung se référa plus tard dans son travail à cette figure alchimique d'un cercle traversé par quatre rivières et évoqua

*La pierre philosophale*, C. G. Jung
Image 121, *Le Livre Rouge*

souvent les quatre rivières du paradis. Avec cette peinture, Jung nous a donné une magnifique représentation symbolique du Soi. Quand nous l'observons, un rayon de lumière entre dans l'inconnu en nous. Nos yeux sont attirés vers le centre, puis se déplacent vers les quatre rivières. Et puis de nouveau vers le centre. Ce faisant, notre propre prise de conscience s'intensifie. C'est la troisième étape de l'alchimie, *rubedo*. Vu sous cet angle, *Le Livre Rouge* devient une expérience alchimique symbolique. Dans chaque vision, chaque rencontre, Jung luttait contre l'inconnu. Il affrontait les ténèbres, cherchait la lumière et poursuivait son voyage, rencontrant, l'un après l'autre les personnages de son imagination.

« En m'occupant assidûment de mes imaginations, ces recherches me firent pressentir que l'inconscient se transforme ou suscite des métamorphoses. Ce n'est qu'en découvrant l'alchimie que je discernai clairement que l'inconscient est un processus et que les rapports du moi à l'égard de l'inconscient et de ses contenus déclenchent une évolution, voire une métamorphose véritable de la psyché. » (Jung 1962, p. 243)

Comme Shamdasani l'écrit dans *C. G. Jung, A Biography in Books*, l'étude de l'alchimie permit à Jung de présenter ses recherches d'une manière allégorique. « De manière codée, les images et concepts du *Liber Novus* ont émergé, contextualisées et amplifiées. » (Shamdasani 2012, p. 202) Tout au long de son œuvre, Jung a dépeint symboliquement le fruit du processus d'individuation : le Soi, qu'il considérait comme la pierre philosophale.

Nous avons tous vécu des descentes dans les ténèbres, dans l'inconnu. Vous souvenez-vous de l'une d'elles ? Sans elles, il n'y a pas de profondeur dans notre vie quotidienne. Reconnaître notre ombre est un élément de la plénitude.

Voici une suggestion d'écriture :
Décrivez une expérience de descente dans les ténèbres, volontairement ou sans le savoir. Quelques lignes, pour décrire votre rencontre avec l'étape *nigredo* de l'alchimie.

### 3) Écrire des ténèbres à la lumière

Examinons maintenant comment la pratique de l'alchimie nous fournit un moyen d'écrire des ténèbres à la lumière. L'illumination peut venir du lieu obscur, mais seulement si nous dirigeons le rayon de la conscience sur lui, si nous le réchauffons par notre attention consciente. Les auteurs deviennent alchimistes lorsqu'ils écrivent des ténèbres à la lumière, lorsqu'ils vont dans l'obscurité, dans l'inconnu, et font remonter à la lumière, dans le connu, ce qu'ils ont rencontré. C'est un voyage périlleux. Nous pensons encore à saint Jean de la Croix, Dante, Jung lui-même, Etty Hillesum, Martin Luther King. Voyons plus en détail les textes de quelques auteurs contemporains ayant décrit consciemment cette expérience.

**Margaret Atwood**

Margaret Atwood, dans son livre *Negotiating with the Dead, A Writer on Writing*, parle de l'obscurité comme étant au centre de toutes nos histoires. Les richesses de toutes sortes, écrit-elle, jaillissent du monde invisible vers le monde visible. Elle cite Rilke dans son neuvième *Sonnets à Orphée* qui fait de ce voyage aux enfers un prérequis pour devenir poète. « Seul qui la lyre parmi / les ombres tint / a le droit de chanter l'infini / éloge en devin » Atwood souligne que Virgile n'a pas été le premier à visiter l'Autre Monde. Et elle se tourne vers Gilgamesh. Gilgamesh, le géant de l'Est que Jung a rencontré au sommet de la montagne dans *Le Livre Rouge*. Gilgamesh le roi sumérien semi-mythique qui, en pleurant la mort de son âme sœur Enkidu, descend aux enfers pour le ramener à la vie et chercher le secret de l'immortalité. Son voyage dans le monde souterrain servit d'exemple à Atwood.

« J'évoquais [le voyage de Gilgamesh] lors d'un dîner avec un groupe d'écrivains.
"Gilgamesh a été le premier écrivain", dis-je.
"Il veut le secret de la vie et de la mort, il parcourt les enfers, il en revient, mais il n'a pas trouvé l'immortalité, il ne ramène que deux histoires – l'une sur son voyage et l'autre sur le déluge. Puis il est vraiment, vraiment fatigué, et il écrit tout ça sur une pierre.
"Oui, c'est ça", ont dit les écrivains. "Tu vas là-bas, tu obtiens l'histoire, tu es crevé, tu reviens et tu écris tout ça sur une pierre."
"Aller où ? " dis-je.
"Là où est l'histoire", répondirent-ils.
Où est l'histoire ? L'histoire est dans le noir. C'est pourquoi l'inspiration est considérée comme venant par flashs. S'engager dans une narration est une route enténébrée. Vous ne pouvez pas voir le chemin devant vous [...] La fontaine de l'inspiration est un puits qui mène tout en bas. » (Atwood 2002, p. 176)

Atwood nous montre le chemin. Plongeons dans le noir. Nos histoires y sont, notre source d'inspiration aussi. Nous entrons dans l'inconnu, le *nigredo*, pour trouver l'histoire. Puis on la distille, c'est l'*albedo*. Et finalement nous l'écrivons, le *rubedo*.

## Paulo Coelho

La remarquable fable de Paulo Coelho, *L'Alchimiste*, raconte l'histoire d'un jeune berger andalou, Santiago. Une nuit, endormi sous un sycomore près d'une église abandonnée, il rêva d'un trésor d'or enterré près des pyramides d'Égypte. Il vend son troupeau de moutons et s'en va dans l'inconnu. Très vite, on lui vole son argent et il se retrouve sans le sou dans un pays étrange, c'est le *nigredo*. Il parvient à gagner assez d'argent pour poursuivre son rêve et suit une caravane au cœur du désert, où il se retrouve face à un étranger vêtu de noir monté sur un cheval blanc, l'alchimiste. L'alchimiste explique à Santiago comment écouter son cœur. Du *nigredo* à l'*albedo*, Santiago apprend à devenir alchimiste. Voici comment il parle au vent, lui demander son aide pour continuer son rêve.

« — Aide-moi, dit le jeune homme […]
— Qui t'a appris à parler le langage du désert et du vent ?
— Mon cœur, répondit le jeune homme […]
— Tu ne peux pas être le vent, dit-il au jeune homme. Nos natures sont différentes.
— Ce n'est pas vrai. J'ai appris les secrets de l'Alchimie, tandis que je parcourais le monde avec toi. J'ai en moi les vents, les déserts, les océans, les étoiles et tout ce qui a été créé dans l'Univers. Nous avons été faits par la même Main et nous avons la même Âme. » (Coelho 1988, pp. 224-225.)

Santiago poursuit son voyage jusqu'au pied des pyramides. Pendant qu'il creuse pour trouver le trésor, des voleurs arrivent, le battent et lui prennent tout ce qu'il possède. Un des voleurs révèle à Santiago son propre rêve : de l'or est enterré en Espagne, près d'une église abandonnée. Santiago se rend compte que son trésor se trouve en Andalousie, là où il en a rêvé pour la première fois. Il revient et trouve son trésor sous le sycomore près de l'église abandonnée. *Rubedo*. Coelho a emmené non seulement Santiago dans un voyage alchimique, mais aussi le lecteur.

**Joseph Brodsky**

Le poète et écrivain de non-fiction Joseph Brodsky tisse lui aussi les étapes de l'alchimie dans ses livres. Né en 1940 à Leningrad, rebaptisée plus tard Saint-Pétersbourg, il fut exilé en 1972 et s'installa aux États-Unis. Prix Nobel de littérature en 1987, il publie un recueil de courts textes en prose sur Venise, intitulé *Watermark*, retraçant ses innombrables visites dans cette ville magique.

Voici comment il décrit l'apparition soudaine d'un rayon de lumière dans l'obscurité profonde, alors qu'il navigue avec son compagnon sur le Grand Canal de Venise.

« La lente progression du bateau dans la nuit ressemblait au passage d'une pensée cohérente provenant du subconscient. Des deux côtés, les pieds dans l'eau noire, se tenaient les énormes coffres sculptés de sombres palais remplis d'inimaginables trésors – probablement de l'or, à en juger par la faible lueur jaune électrique qui filtrait de temps à autre de fissures dans les volets. L'impression globale était fabuleuse. » (Brodsky 1992, p. 13.)

Brodsky décrit l'expérience comme le passage d'une pensée à travers l'inconscient. Lui et son compagnon s'approchent de la sortie. Ils vont bientôt arriver. Il régnait un grand silence. Les nombreux passagers qui se serraient autour d'eux restaient immobiles et n'échangeaient que de discrètes remarques ponctuelles.

« Puis le ciel fut momentanément obscurci par l'immense parenthèse de marbre d'un pont, et soudain tout fut inondé de lumière. » (Ibid., p. 14)

Lumière ! La progression du bateau peut être considérée comme un voyage alchimique. D'abord la lente avancée dans la nuit, *nigredo*. Des deux côtés, les pieds dans l'eau noire, il y a des coffres aux trésors inimaginables, émettant une lueur électrique à travers les fissures, l'*albedo*. Et juste après être passés sous un pont, soudain jaillit la lumière, *rubedo*. Le passage d'un vaporetto dans la nuit, le passage d'une pensée à travers l'inconscient : en quelques paragraphes, Brodsky est passé des ténèbres à la lumière.

### Susan Tiberghien

Avant de clore ce chapitre, je donne un exemple tiré de mon propre livre *Circling to the Center*. En écrivant un jour sur une petite quintefeuille, la fleur sauvage jaune à cinq pétales, le souvenir me revint de la mort de mon père en Arizona. Quand je suis arrivée d'Europe, il était trop tard pour que je recueille ses cendres. Je suis allée à l'ombre et j'ai écrit. J'ai suivi l'image et j'ai continué à écrire. Voici le poème *Quintefeuille*, au premier chapitre.

« Quintefeuille

Je tiens dans la paume de ma main une petite fleur jaune, une quintefeuille. Les cinq pétales forment un mandala autour du cercle de graines intérieur. Mon regard est attiré vers le centre puis de nouveau vers chaque pétale. La fleur ne pèse rien, aussi légère que l'air.

« Les cendres de mon père, dispersées dans le jardin avant mon arrivée, étaient aussi légères que l'air, Je n'avais pas pu les tenir dans mes mains. Je suis entrée dans l'église et j'ai pleuré. Mon père dans chaque larme. Son mélanome entouré de terre humide.

« Les pétales se recourbent et se flétrissent. Mon père disait toujours : "Vas-y. Fais-le." Mais maintenant, faire me renverse. La fleur a besoin de reposer sa tête. Les cendres de mon père sont légères, légères comme ma fleur. Mais ses graines sont plantées en terre profonde. » (Tiberghien 2000, p. 7)

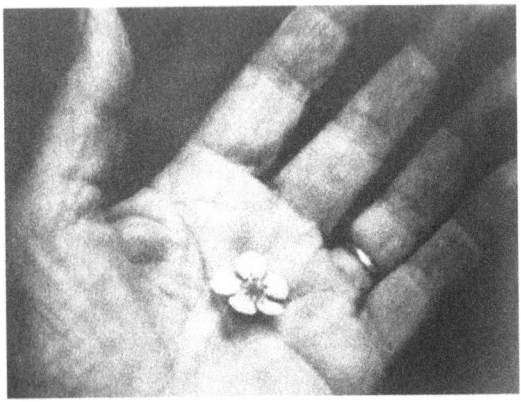

*Quintefeuille*

Chapitre après chapitre, je racontais des épisodes sombres de ma vie. Lorsque j'en vins au cinquième chapitre, le cinquième pétale, ma petite quintefeuille s'était transformée en fleur d'or. Voici maintenant le poème *Fleur d'or* de ce cinquième chapitre.

« Fleur d'or
Assise à mon bureau, je regarde la photo de la fleur d'or. D'innombrables pétales en forme de coupe se regroupent autour du centre. Ils s'ouvrent très légèrement. Du jaune profond se répand sur mon bureau, sur mon cahier. Pendant un instant, je tiens de l'or dans mes mains.
Quand j'étais enfant, je cherchais des boutons d'or magiques dans les champs. Je choisissais le plus parfait et le plaçais contre ma peau. Si le jaune profond teintait d'or ma peau, c'était magique. Je me dépêchais de rentrer à la maison, portant ma fleur comme un calice.

*Bouton d'or double*

La fleur au-dessus de mon bureau est un bouton d'or double. Je l'ai trouvé dans les ténèbres au plus profond de mon cœur. Le terrain en friche avait besoin d'être retourné. Les racines avaient besoin d'eau, les feuilles avaient besoin de lumière. Mais, là, s'épanouissait une fleur sur l'autel de Dieu. » (Ibid., p. 93)

La transformation de la fleur. L'alchimie nous enseigne que lorsque nous prêtons attention à l'obscurité, celle-ci nous donne en retour une nouvelle compréhension. Elle révèle sa lumière cachée. J'ai suivi ma quintefeuille dans l'ombre, dans le chaudron alchimique. Je l'ai lavée et je l'ai amenée à la lumière. Et voilà, la petite quintefeuille est devenue la fleur d'or.

En tant qu'écrivains, nous considérons l'alchimie comme un moyen d'approfondir notre créativité. Au lieu de terre et de vif argent, nous nous servons de notre vécu et notre imagination. Nos histoires sont l'or. Nous repérons d'abord l'expérience qui demande à être partagée. Nous la réimaginons et la suivons dans le non connu. Nous entrons dans le *nigredo*, l'obscurcissement. Nous allons dans les ténèbres. Que ce soit C. G. Jung, Atwood ou Brodsky, nous sommes tous des alchimistes.

Que cela devienne une pratique. Souvenez-vous de la réponse de Philémon à Jung : la magie renaît avec chacun être humain (Jung 2009, p. 440). En tant qu'écrivain, nous nous tournons vers l'intérieur. Et, nous rappelle Atwood, la fontaine de l'inspiration est un puits qui mène tout en bas. Nous nous enfonçons toujours plus profondément dans le puits, en éliminant les impuretés. Nous espérons, avec Brodsky, que le temps viendra où notre passage dans la vie sera inondé de lumière.

Voici une suggestion d'écriture :
Souvenez-vous de l'expérience de descente dans les ténèbres dont vous avez parlé. Y avait-il un rayon de lumière ? Écrivez à ce sujet. Sinon, imaginez-en un et écrivez quelques lignes. Soyez un alchimiste.

En conclusion, je reviens au *Commentaire sur le Mystère de la Fleur d'Or*, de Jung. Son but, en l'écrivant, était de jeter un pont de compréhension psychologique entre l'Orient et l'Occident pour souligner l'accord entre les symbolismes de l'Orient et de l'Occident. C'est une aspiration « commune à tous les êtres civilisés. C'est la gigantesque expérience proposée à l'humanité par la nature, celle de la venue à la conscience, expérience qui unit les civilisations les plus séparées dans une tâche commune. » (Jung 1929, p. 77.) Les alchimistes ont partagé leurs secrets. Ils nous ont indiqué les étapes permettant de trouver, à l'intérieur de nous, la pierre philosophale. La nature nous appelle à répondre.

## Chapitre 7

## *Apprendre le Zen : la vision claire, l'écriture claire*

« Le Zen nous libère, il nous permet de nous éveiller et
de prendre conscience de notre vraie nature. »
D.T. Suzuki

« Jung a établi des parallèles entre ce qu'il considérait comme
les approches occidentale et orientale pour atteindre la plénitude
de la personnalité, comme l'illustre le bouddhisme Zen. »
Sonu Shamdasani (2012)

    Lorsque Jung lut *Le Mystère de la Fleur d'Or*, il était motivé non seulement pour continuer son étude de l'alchimie, comme indiqué au chapitre 6, mais aussi pour approfondir ses connaissances en philosophie et religions orientales. Il s'agissait d'une culture qui remontait à des milliers d'années, qui était issue des instincts primitifs et qui enseignait le détachement. La culture occidentale, par contre, était plus jeune, en particulier l'européenne et l'américaine, et plus portée sur la conquête. Deux mondes différents. Jung se tourna vers l'Orient pour apprendre des trésors de la spiritualité orientale, notamment le bouddhisme Zen.
    Avant d'examiner les parallèles que Jung découvrit entre la pratique du Zen et sa propre pratique psychanalytique, nous examinerons l'histoire du Zen, y incluant la rencontre de Jung avec Izdubar dans *Le Livre Rouge*. Puis nous étudierons deux volets du Zen, la vision claire et l'écriture

claire, avec des extraits de Jung, de maîtres Zen passés et présents, D. T. Suzuki et S. Suzuki, mais aussi Thich Nhat Hanh, Natalie Goldberg et Dinty W. Moore. Nous pratiquerons la vision claire et l'écriture claire.

## 1) Introduction et histoire du Zen

Le mot Zen est issu du japonais *zazen*, qui signifie s'asseoir et méditer, et du chinois *ch'an*, dérivé du sanskrit *dhyana*, qui signifie aussi méditer. Sa pratique remonte donc du Japon à la Chine et de la Chine à l'Inde. Pour commencer par le début, allons aux origines du bouddhisme au VIe siècle avant notre ère, avec Siddhartha Gautama, dans le nord-est de l'Inde. Le mot vient de *budhi*, s'éveiller. Siddhartha atteignit l'illumination à l'âge de trente-cinq ans ; il avait vaincu la souffrance, et passa le reste de sa vie à enseigner le chemin du vrai bonheur. Au fil des siècles, le bouddhisme devint une religion et arriva en Chine au premier siècle de notre ère ; il y rencontra deux traditions bien établies : le confucianisme et le taoïsme.

Le confucianisme peut être décrit comme une philosophie éthique tirée des enseignements du sage Confucius, 551-479 avant J.-C. Le héros de Confucius était le duc de Zhou, qui, au XIIe siècle avant J.-C., réforma le système rituel féodal. Les valeurs spirituelles du confucianisme se focalisent sur ce monde, la société et la famille, et non sur les dieux et la vie après la mort. Ses enseignements ont pour but de cultiver la vertu.

Le taoïsme est une philosophie religieuse basée sur les écrits de Lao Tseu, philosophe et écrivain légendaire du VIe siècle avant notre ère, le célèbre auteur du *Tao te King*. Elle pousse à vivre en harmonie avec le *Tao*, la voie, le réel, l'indéfinissable. Son porte-parole historique fut Tchouang-tseu, penseur et écrivain taoïste du IVe siècle.

La mentalité chinoise réagit positivement à l'arrivée du bouddhisme indien et développa un type particulier de discipline spirituelle appelée Ch'an, au sens large de méditation. Elle n'a été définie qu'au VI<sup>e</sup> siècle de notre ère, lorsque le célèbre Bodhidharma se rendit en Chine et décrivit l'essence du bouddhisme Ch'an dans ce poème :

« Une transmission particulière en dehors des Écritures
Non fondée sur des mots et des lettres,
Dirigée directement vers l'esprit humain,
Pénétrant au cœur de notre propre nature et réalisant sa Bouddhéité. »

Ces principes sont encore reconnus aujourd'hui comme les fondements du bouddhisme *Ch'an*. (1) Il n'y a pas d'Écritures. (2) L'enseignement est transmis de maître à disciple. (3) Le Zen s'adresse directement à l'esprit (parfois

*Maître et Disciple*

## Écrire vers la plénitude

traduit par « le cœur »). (4) C'est un chemin vers la bouddhéité, vers l'expérience du *satori*, l'illumination soudaine.

De la Chine, le *Ch'an* se transmit au Japon et fut adopté par les Japonais au XII$^e$ siècle sous le nom de Zen. Il existe deux écoles de pensée Zen au Japon. L'école Rinzai souligne l'importance du *satori* et enseigne par *koans*, des énigmes ou casse-tête. L'école Soto, quant à elle, met l'accent sur le *zazen*, la pratique de la méditation assise. Beaucoup de centres Zen pratiquent aujourd'hui les deux et essaient d'éviter la catégorisation.

C'est Daisetz Teitaro Suzuki (1869-1966) qui amena le Zen en Occident. Il voyagea d'abord en Amérique en 1908, puis y retourna en 1949 pour enseigner pendant huit ans à l'Université Columbia, à New York. Il fut suivi par un autre maître Zen important, Shunryu Suzuki (1905-1971), qui se rendit aux États-Unis en 1958. Il fonda le San Francisco Zen Center, où il continua à enseigner jusqu'à sa mort.

Aujourd'hui, il y a des millions d'adeptes du Zen dans le monde. Pour beaucoup, c'est devenu un mode de vie. Jung, dans son avant-propos au livre de D. T. Suzuki *Essais sur le bouddhisme Zen*, dit que le Zen est le fruit le plus important issu de l'arbre du bouddhisme, dont la racine est le *Sermon aux fleurs* du Bouddha. Ce sermon était silencieux. C'était le sourire du disciple Mahakasyapa quand Siddhartha Gautama, dans son sermon silencieux, brandit une fleur blanche, ce qui signifiait la transmission directe de la sagesse sans paroles.

D.T. Suzuki écrit (1934, p. 11) : « Le Zen est, dans son essence, l'art de voir dans la nature de son être ; il indique la voie qui mène de l'esclavage à la liberté. » Le Zen ouvre la voie de l'illumination. Il nous permet de nous éveiller et de prendre conscience.

> « Lorsqu'arrive un certain moment, un écran jusqu'alors fermé se lève, une perspective entièrement nouvelle s'ouvre, et la note fondamentale

de toute la vie en est aussitôt changée. Ce déclic ou ouverture mentale est appelé *satori* par les maîtres du Zen. » (Ibid., p. 279)

Comment se produit le *satori* ? Comment le rideau tiré dans notre esprit s'ouvre-t-il soudainement ? Suzuki relate des dizaines d'exemples liés à différents maîtres Zen à travers les siècles. Il écrit que cela est monnaie courante. Voici un exemple du IX$^e$ siècle. Tokusan, le grand érudit spécialiste du *Soutra du Diamant*, apprenant que le Zen laissait de côté tous les textes écrits, vint s'instruire auprès du Maître Zen Ryutan. Un jour, alors que Tokusan était assis dehors, essayant de pénétrer le mystère du Zen, Maître Ryutan l'interrogea : « Pourquoi ne rentres-tu pas ? » Tokusan répondit : « Il fait nuit noire. » On alluma une bougie, qu'on lui tendit. Alors qu'il allait la prendre, Maître Ryutan la souffla brusquement, et à cet instant l'esprit de Tokusan s'ouvrit (Ibid., p. 282). »

Nous restons perplexes en lisant ceci. Qu'est-ce que c'est que cette nouvelle façon de voir les choses ? Comment souffler une bougie peut-elle mener à l'expérience du *satori* ? Puis un rideau s'ouvre dans notre esprit. Les écailles au-dessus de nos yeux tombent. Et nous sourions.

**La rencontre de Jung avec Izdubar dans *Le Livre Rouge***

Pour pénétrer le mystère du Zen, il faut lâcher nos repères. Nous devons accepter de plonger dans les ténèbres. De souffler la bougie. Alors seulement pourrons-nous pourrons lever le couvercle de notre esprit conscient. C'est bien ce que Jung a fait, en se laissant tomber dans le noir en 1913, pour se confronter à l'inconscient. Sans le savoir, il suivait un chemin similaire à celui des sages orientaux, qu'il découvrira des années plus tard en lisant le texte taoïste *Le Mystère de la Fleur d'Or*.

Pendant cette confrontation, comme nous l'avons vu, Jung réalisa qu'il avait perdu son âme. Il lui tendit la main, lui demandant de le guider. Il en appelait à ses fantasmes, à différents personnages, certains réels, d'autres inventés, et les interrogeait ; il écrivait de longs commentaires, s'efforçant de comprendre le sens de ce qu'il avait vécu. Dans le *Liber Primus*, il rencontre Élie, le prophète de l'*Ancien Testament*, et Salomé, la danseuse qui demanda la tête de Jean-Baptiste. Il rencontre aussi le serpent qui le suivra tout au long du voyage. Dans le *Liber Secundus*, il rencontre entre autres le Cavalier rouge, Ammonius l'ermite, le Bibliothécaire, puis Izdubar.

Sa rencontre avec Izdubar est une préfiguration frappante de son orientation récente vers l'étude de la philosophie orientale. Dans sa vision, Jung se dirige vers l'est pour chercher la lumière qui lui manque. En haut d'un défilé montagneux, il rencontre le géant Izdubar (aujourd'hui connu comme Gilgamesh, roi semi-mythique d'Uruk, en Babylonie). Jung se dirige vers l'est, Izdubar vers l'ouest, pour trouver le lieu de naissance du soleil. Jung raconte leur effrayante rencontre :

> « Au moment où j'atteins le col, je vois, de
> l'autre côté, un individu gigantesque
> s'approcher. Sa tête puissante est surmontée de
> deux cornes de taureau, une cuirasse noire qui
> résonne recouvre sa poitrine. [...] Ce géant
> tient dans sa main l'étincelante double hache
> [...]. Je l'interpelle.
> Moi : "Ô Izdubar, puissant parmi les puissants,
> épargne ma vie [...]"
> Iz : "Je n'en veux pas à ta vie. D'où viens-tu ?
> [...]
> Moi : "Je viens d'un pays à l'ouest dont les
> côtes sont baignées par la grande mer de
> l'ouest."

Iz : "Le soleil plonge-t-il dans cette mer ? Ou bien touche-t-il, en se couchant, la terre ferme ?"
Moi : "Le soleil plonge loin derrière la mer."
Iz : "Derrière la mer ? Qu'y a-t-il là-bas ?"
Moi : "Là-bas il n'y a rien – un espace vide. La terre en effet est ronde, et en plus elle tourne autour du soleil."
Iz : " […] Ainsi il n'y a nulle part ce fabuleux pays immortel où plonge le soleil pour renaître ? Tu dis la vérité ?" Ses yeux étincellent de fureur et de peur […].
Moi : "Je dis vraiment la vérité […]. Dans la mesure où ta nature est mortelle, tu ne pourras jamais atteindre le soleil." […]
Iz : "Je suis mortel – et jamais je ne pourrai atteindre le soleil et l'éternité ?"
D'un coup puissant qui émet un son strident, il fracasse sa hache contre le rocher. "Va-t-en, arme misérable […]." Il s'effondre et sanglote comme un enfant […]. "N'avez-vous donc plus de dieux ?"
Moi : "Non, nous n'avons plus que les mots. " […]
Iz : "Nous ne voyons pas les dieux non plus mais nous croyons pourtant qu'ils existent. Nous reconnaissons leur action dans la nature. "
Moi : "La science nous a ôté la capacité de croire […]". C'est pourquoi je me suis mis en route vers l'Orient, pour le pays du soleil levant, afin de trouver la lumière qui nous manque". » (Jung 2009, pp. 309-314)

Jung parle ici au nom de l'esprit occidental, où la science règne en maître. Izdubar parle au nom de l'esprit oriental, où les dieux règnent en maîtres. Jung reconnaît que l'Occident a perdu ses dieux. Il n'a plus que les mots. Quand

Izdubar se rend compte qu'il n'atteindra jamais le soleil, n'atteindra jamais l'immortalité, il casse sa hache et tombe au sol comme paralysé. L'histoire continue, mais nous nous arrêterons là.

En convoquant des personnages imaginaires et en dialoguant avec eux, Jung mettait de côté son intellect. Il développait la technique, qu'il appellera plus tard l'imagination active, qui le conduirait sur le chemin du *wu wei* – l'action par la non-action – suivi par les sages orientaux dans *Le Mystère de la Fleur d'Or*.

Nous pouvons maintenant comprendre l'ampleur de sa prise de conscience : le contenu de ce texte chinois présentait un parallélisme très vivant avec ce dont il était témoin dans son propre développement psychique et dans celui de ses patients. L'analogie des différents mythes et symboles montrait un substrat commun de la psyché qui transcendait toutes les différences de culture et de conscience. Dans son *Commentaire sur le Mystère de la Fleur d'Or*, Jung appelle ce substrat l'inconscient collectif :

> « La psyché possède [...] un substrat commun que j'ai désigné du nom d'*inconscient collectif*. Cette psyché inconsciente, qui est commune à l'humanité tout entière, ne se compose pas de contenus susceptibles de devenir conscients, mais de dispositions latentes à certaines réactions identiques [...] Les différentes lignes de développement psychique partent d'un stock commun dont les racines plongent dans toutes les strates du passé. » (Jung 1929, pp. 27-28)

Dans ce texte taoïste, la fleur d'or signifie la création d'une conscience plus élevée, d'une personnalité supérieure. Comme l'enseigne Maître Lu Tsou, la lumière tourne suivant sa propre loi si l'on accepte ce qui vient à soi. « Il s'agit d'acquiescer à soi-même, de se prendre soi-même comme la plus sérieuse des tâches, de demeurer toujours conscient de ce que l'on fait (Ibid., p. 35). » Dans les années suivantes, Jung se plongera dans les textes indiens et chinois alors qu'il établit des parallèles entre les approches orientales et occidentales pour parvenir à la plénitude, à ce que les sages orientaux appellent l'expérience du *satori*, ou illumination.

En 1935, Jung écrivit un commentaire psychologique sur le *Bardo Thödol* (*Le Livre Tibétain des Morts*), dans lequel il exprime sa haute opinion pour cette œuvre. Jung y voyait un processus d'initiation pour restituer à l'âme la divinité qu'elle avait perdue à la naissance, un processus qui n'était pas sans rappeler le travail d'individuation, la recherche de la plénitude. Pendant des années, le *Bardo Thödol* fut son livre de chevet. Il lui dut non seulement de nombreuses idées et découvertes stimulantes, mais aussi beaucoup d'intuitions fondamentales.

Plus tard, en 1949, il écrivit l'avant-propos du *Yi King*, *Le Livre des Transformations*, dans lequel il testa la correspondance entre la pensée taoïste sur l'interdépendance et sa propre pensée sur la synchronicité, le principe acausal des coïncidences significatives. Si nous nous mettons dans le Tao, si nous entrons dans notre véritable être, la vie a sa propre réponse. « Constituant un élément de la nature, [le *Yi King*] attend, comme tel, qu'on le découvre. Il n'offre ni faits ni pouvoirs, mais, pour les êtres épris de connaissance de soi et de sagesse – s'il en est –, il paraît être le livre adéquat. » [10]

C'est en laissant les choses se passer dans la psyché que Jung put découvrir ces parallèles entre l'esprit oriental et l'esprit occidental. Avant de regarder en détail la vision claire

---

[10] Jung, 1949, « Préface à l'édition anglaise du *Yi King* », in *Commentaire sur le Mystère de la Fleur d'Or*, p. 147

et l'écriture claire, faisons une pause pour nous demander ce que le Zen signifie pour nous.

Voici une suggestion d'écriture :
Imaginez-vous avec un maître Zen et demandez-lui ce qu'est le Zen. Peut-être écrivez-le sous forme d'un dialogue. Soufflez la bougie. Laissez-vous surprendre.

### 2) La vision claire

La vision claire et l'écriture claire montrent que le but du Zen est le lâcher-prise et le retour à l'expérience directe de la vie. Pour cela, le Zen se concentre sur ce qui se trouve devant nous. Un esprit Zen est comme un miroir. Quand un miroir reflète un arbre, il n'y a que l'arbre dans le reflet. Il n'y a pas d'autres arbres dans le reflet, ni de buissons, ni de gens. Quand un esprit Zen voit un arbre, il n'y a que l'arbre. Quand un esprit Zen voit une fleur blanche, il n'y a que la fleur blanche. D.T. Suzuki a écrit : « Le Zen est, dans son essence, l'art de voir. »

### John C. H. Wu

Penchons-nous sur deux penseurs et auteurs différents du XXe siècle, puis encore une fois sur C. G. Jung, pour apprécier la façon dont les trois voyaient le Zen comme expérience d'une vision claire. D'abord John Ching Hsiung Wu (1899-1986), érudit et avocat chinois, taoïste converti au catholicisme, qui fuit le régime communiste, enseigna au *Seton Hall College* du New Jersey, et finit sa carrière comme sénateur à Taiwan. John Wu a apporté au monde une expérience vécue et une compréhension du taoïsme, du confucianisme, du Zen et du christianisme. Il traduisit le *Tao te King* en anglais et le *Nouveau Testament* en chinois, où l'Évangile de Jean commence par : « Au commencement était le Tao ». Il ne départit jamais de ses racines chinoises, ce qui l'amena à écrire *The Golden Age of Zen* en 1967, dans le but de faire connaître au monde occidental les grands maîtres Zen du VII$^e$ au X$^e$ siècles.

John C. H. Wu voyait le *satori* (l'illumination) avec des yeux orientaux et occidentaux. C'est la même illumination, qu'elle soit vécue par un maître Zen ou par un mystique chrétien. Il écrivit qu'en le pratiquant, le Zen ouvre la voie à une conscience supérieure et à une bonté plus profonde. En le pratiquant, nous nous libérons de l'emprise de notre ego et de notre propension à conceptualiser la vérité.

« Le Zen met l'accent sur la perception intuitive de la vérité en tant que chemin vers l'illumination, ainsi que sur l'expérience inattendue de la bonté spontanée. Une telle bonté brise la carapace de votre petit ego et vous libère du monde étouffant des concepts, pour aller plus loin. » (Wu 1975, p. 205)

J'eus la chance de faire l'expérience de cette bonté spontanée en 1957, alors que Wu enseignait à Seton Hall. *Pax Romana* m'avait mandatée pour l'interviewer à propos de son livre *Beyond East and West*, récemment traduit. Je devais me rendre chez lui en voiture, avec mon fiancé français pour un rendez-vous en milieu d'après-midi. En chemin, une tempête de neige monstre bloqua la circulation pendant des heures ; impossible de rouler sur l'autoroute. J'osai frapper à sa porte longtemps après l'heure convenue. Il nous accueillit avec chaleur et enthousiasme et nous conduisit à la salle à manger, où sa femme et ses treize enfants étaient assis autour d'une grande table ronde. Ils se levèrent tous pour nous saluer et installèrent deux chaises de plus. Nous acceptâmes leur invitation. L'interview se ferait après le repas. « Cela laissera ainsi du temps pour dégager les routes », nous assura-t-il. Zen.

En apprenant à lâcher prise, nous apprenons à voir vraiment. Wu raconte de nombreuses histoires de vision claire. J'ai choisi celle-ci.

« Un maître connut l'illumination en voyant des fleurs de pêcher. "Depuis que j'ai vu les fleurs de pêcher, je n'ai plus de doutes." Bien sûr, il avait déjà vu des fleurs de pêcher, mais ce n'est qu'à cette occasion-là qu'il les a réellement vues, non comme des objets isolés, mais comme des jaillissements vivants de la source de l'univers entier. » (Ibid., p. 212)

Voir les fleurs de pêcher. Les voir comme des bourgeons jaillissant de la source de l'univers. Aujourd'hui ici, disparus demain. Quand nous voyons vraiment les fleurs de pêcher, la distance entre les fleurs et nous-mêmes disparaît. Nous faisons l'expérience de ne faire qu'un avec la nature.

*Ginkgo en fleurs*

Ici où je vis, quand je vois – quand je vois vraiment – le ginkgo en bas de la rue et ses branches fleuries sous le ciel bleu, la distance entre les branches chargées de jaune et moi disparaît. Je ressens la même unité. Je ne fais qu'un avec l'arbre et ses branches en fleurs.

Quand je passe devant le ginkgo chargé de fleurs, cette perception de l'unité de la création me ramène à la soirée avec John Wu et me fait revivre la bonté spontanée de l'humanité.

**Thomas Merton**

Pendant ses années passées en Amérique, John Wu reçut une demande d'un moine trappiste qui voulait ses conseils pour traduire des poèmes de Tchouang Tseu, poète taoïste du VIe siècle avant J.-C. Il s'agissait de Thomas Merton, dont j'ai parlé dans les chapitres 1 et 5. Wu lui répondit qu'il avait attendu que Merton prenne l'initiative, certain qu'ils étaient destinés à se rencontrer. Ainsi commença une amitié qui dura sept ans, jusqu'à la mort tragique de Merton en 1968. Wu guida Merton dans l'écriture de *The Way of Chuang Tzu*, et Merton écrivit une introduction au livre de Wu, *The Golden Age of Zen*. Wu fut ravi de découvrir un moine qui avait saisi l'esprit du Zen « aussi bien qu'un ancien maître » et qui construisait « un pont vivant entre l'Est et l'Ouest ».

Dans cette introduction, Merton écrit que le Zen est une manière d'être. Nous sortons de notre étroitesse d'esprit et entrons dans un espace universel.

« Le Zen est une conscience non structurée en une forme particulière, une conscience trans-culturelle, trans-religieuse, trans-formée. Il veut revenir à l'expérience directe de la vie, sans la verbaliser rationnellement […] Nous oublions rapidement comment voir les choses simplement et nous substituons nos mots et nos formules au détriment des choses elles-mêmes, de sorte que nous ne voyons que ce qui s'accorde à nos préjugés. » (Merton Introduction à *The Golden Age of Zen*, pp. 4, 49)

Merton, une fois reçue l'autorisation d'emménager dans son ermitage au milieu des bois du monastère de Gethsémani, put pratiquer pleinement la vision claire. Il passait de longues journées à rester assis sur sa terrasse, ou à regarder fleurir les gainiers rouges, à marcher dans les bois, à observer une mère chevreuil protéger ses petits, régalant ses yeux de tout ce qui l'entourait. Et il en parlait dans son journal :

« Le 4 novembre, dans l'après-midi, il y avait beaucoup de jolies petites fauvettes de myrte qui jouaient et plongeaient à la recherche d'insectes dans les branches basses des pins, au-dessus de ma tête [...] J'ai été émerveillé par leur beauté, leur vol rapide, leurs regards et leurs gazouillis. Un sentiment d'évidente parenté avec eux, comme si eux et moi nous étions tous de même nature et comme si cette nature n'était rien d'autre que l'amour. » (Merton 1964, p. 95)

Dans sa vision claire, Merton vivait l'unité de la création. Dans un autre de ses innombrables livres, intitulé *Zen and the Birds of Appetite*, il nous encourage particulièrement à expérimenter cette unité. Nous n'avons qu'à commencer à regarder.

« Si l'on arrive au point où la compréhension nous échappe, ce n'est pas une tragédie ; c'est simplement un rappel à cesser de penser et à commencer à regarder. Peut-être n'y a-t-il rien à comprendre après tout ; peut-être n'avons-nous besoin que de nous réveiller. » (Merton 1968, p. 53.)

Lors de son unique voyage en Asie, il vécut son dernier réveil. Il était au Sri Lanka, à Polonnaruwa, seul, marchant pieds nus le long des chemins boisés menant au temple du Rocher, où se trouvent les quatre imposantes statues de Bouddha, sculptées dans la paroi rocheuse.

« 4 décembre 1968, Colombo.

Je regardais ces statues, quand je fus soudainement, comme si on m'y forçait, soustrait à ma vision habituelle, à demi liée aux choses, et une clarté intérieure, une lucidité, comme si elle surgissait des rochers eux-mêmes, devint manifeste et évidente [...] Le rocher, toute matière, toute vie, est chargé de *dharmakaya* [l'essence de toutes choses]. J'ai maintenant vu et j'ai percé la surface, et je suis allé au-delà de l'ombre et des apparences. C'est l'Asie dans sa pureté [...] totale. Elle dit tout ; elle n'a besoin de rien.

« L'ensemble a tout d'un jardin Zen, c'est un espace vide, ouvert et évident, et les grandes statues, immobiles, quoique leurs lignes bougent en permanence, vagues de vêtements et de formes corporelles – une belle et sainte vision. » (Merton 1973, pp. 233-234)

Six jours plus tard, Merton mourait, électrocuté par le câble défectueux d'un ventilateur. Il venait de donner une conférence sur le marxisme et le monachisme devant une assemblée internationale de moines à Bangkok, soulignant la quête spécifique du moine : « le moine cherche à changer la conscience de l'homme ». Polonnaruwa avait, je pense, donné réponse à sa quête. L'héritage de Merton continue de briller.

## C. G. Jung

C'est par la vision claire que John C.H. Wu et Thomas Merton ont vécu cet éveil intérieur que les bouddhistes Zen appellent *satori*. Il en fut de même pour Jung. Parmi les nombreux moments de vision claire et d'éveil intérieur que Jung a vécus, j'en retiens quelques-uns.

Tout d'abord, souvenons-nous de ce qu'il vécut lorsqu'il était enfant, en voyant les vagues du lac de Constance venir jusqu'au rivage et scintiller sous le soleil. On ne parvenait pas à l'éloigner de l'eau, de la rive du lac. C'était encore un très jeune enfant, mais il se souvient d'avoir ressenti un plaisir inconcevable. D'avoir vu une incomparable splendeur. Un éveil intérieur précoce.

Nous avons également vu au chapitre 5 comment la mer a continué d'être une source d'émergence de conscience tout au long de la vie de Jung, comme en témoigne sa lettre à son épouse, Emma, lors de son voyage aux États-Unis en 1909. « La mer est comme la musique ; elle porte en elle et effleure tous les rêves de l'âme. » Voici une autre lettre à Emma, écrite plus tard, lors de ses premiers voyages en Afrique du Nord.

« Sousse, lundi 15 mars 1920.

Je ne puis malheureusement pas t'écrire quelque chose de cohérent ; il y en a trop. Quelques traits rapides seulement. Après un temps froid et lourd sur la mer, matinées fraîches à Alger. Maisons et rues claires, groupes d'arbres d'un vert sombre, au-dessus desquels s'élèvent de hautes cimes de palmiers [...] On ne pense plus à soi, on se trouve dissous dans cette diversité qu'on ne peut apprécier et encore moins décrire [...]

« Imagine-toi un soleil extraordinaire, un air clair, aussi clair que celui des hautes montagnes,

## Apprendre le Zen : la vision claire, l'écriture claire

une mer plus bleue que tout ce que tu n'as jamais vu, toutes les couleurs d'une vivacité incroyable. » (Jung 1962, pp. 423-424)

Jung ne peut que balbutier. Il ne peut plus penser à lui-même. Il écrit qu'il ne sait pas ce que l'Afrique lui dit vraiment, mais elle parle. Elle parle, parce que Jung pratique la vision claire. La mer est plus bleue qu'Emma n'en a jamais vu.

Plus tard, en 1925, Jung vécut un éveil intérieur en voyant un lever de soleil au Kenya, quand tout dans la vallée sombre s'est transformé en cristal flamboyant. Jung se retrouvait comme dans un temple. Il y eut plus de voyage, plus de lettres, plus de moments de vision claire.

Puis, après la mort de sa femme, lorsqu'il se retira dans sa tour de Bollingen, au bord du lac de Zurich, il ne ressentait pas souvent de soudains moments d'éveil, mais plutôt des périodes plus longues et pleinement savourées de conscience profonde. C'était là qu'il sentait qu'il vivait sa vraie vie, là qu'il était le plus profondément lui-même. De la cour intérieure, il pouvait regarder l'eau.

« À Bollingen, je suis plongé dans le silence et l'on y vit *in modest harmony with nature*[11]. Des idées émergent, qui remontent au fond des siècles et qui par conséquent anticipent un lointain avenir. Ici s'atténue le tourment de créer ; ici création et jeu sont proches l'un de l'autre. » (Jung 1962, p. 263)

Jung a été à l'écoute de la sagesse orientale. Dans son avant-propos à *l'Introduction au bouddhisme Zen*, de D. T. Suzuki, Jung écrit que le Zen est une expérience de

---

[11] En anglais dans le texte (NdT). Aniela Jaffé ajoute : « Titre d'une vieille gravure chinoise sur bois sur laquelle se trouve un petit vieillard dans un paysage héroïque. »

*Porte vers le lac, la Tour*

transformation. « Ce dont il s'agit, ce n'est pas que l'on voit quelque chose de différent, mais que l'on voit différemment. » (Jung, 1939, p. 206) On voit différemment parce qu'on est différent. Une vision claire apporte la transformation.

    Voici une suggestion d'écriture :
    Restez sur une vision claire pendant un moment. Imaginez une fleur blanche. Ou n'importe quelle fleur qui vous vient. Observez-la quelques minutes. Écrivez ce que vous voyez.

### 3) L'écriture claire

    J'en viens maintenant à l'écriture claire. Pour montrer comment une écriture claire va de pair avec une vision claire. Quand nous écrivons à partir de notre soi authentique, on trouve vibration et clarté dans nos paroles. Nous nous adressons directement au lecteur. Il n'y a rien ni personne entre nous deux. Voici quelques exemples d'écriture claire de pratiquants du Zen au XX$^e$ siècle, puis nous reviendrons à Jung.

## Shunryu Suzuki

Shunryu Suzuki fut le second Suzuki à apporter le Zen aux États-Unis, comme mentionné dans ma brève histoire du bouddhisme Zen. Il a écrit que pour pratiquer le Zen, nous avons besoin de l'esprit du débutant. Shunryu Suzuki était un descendant spirituel direct du maître Zen Dogen au XIII$^e$ siècle. Il a puisé son enseignement dans cette source, pensant qu'il pourrait avoir autant de sens pour l'Occident qu'il en avait eu pour l'Orient. Son livre *Esprit Zen, esprit neuf* est tiré d'une série de conférences qu'il a données à son Centre Zen de Los Altos, Californie. Écoutons.

« Le but de la pratique est de garder toujours notre esprit du débutant [...] Notre "esprit originel" embrasse tout en lui-même. [...] Ce qui ne veut pas dire un esprit fermé, mais en fait un esprit vide et un esprit prêt. Si votre esprit est vide, il est toujours prêt à quoi que ce soit ; il est ouvert à tout. L'esprit du débutant contient beaucoup de possibilités ; l'esprit de l'expert en contient peu. » (S. Suzuki 1970, pp. 29-30)

L'esprit du débutant est un esprit qui voit les choses telles qu'elles sont. Il trouve des mots simples et directs. Il concentre son attention uniquement sur ce qu'il veut exprimer. Shunryu Suzuki donne un exemple de l'esprit du débutant dans la citation suivante de son maître, Dogen-Zenji.

« Dogen-Zenji dit : "Même à minuit, l'aube est là ; même si l'aube vient, il fait nuit. " [...] La nuit et le jour ne sont pas différents. C'est la même chose qu'on appelle tantôt le jour, tantôt la nuit. C'est une seule et même chose. » (Ibid., p. 150)

Cette phrase Zen est paradoxale mais, en très peu de mots, clairement écrits, elle expose l'erreur du dualisme et la justesse de l'unité. Minuit et l'aube, la nuit et le jour ne font qu'un, si nous gardons l'esprit du débutant.
Shunryu Suzuki conclut son livre avec ses propres mots paradoxaux.

« Avant la fin de la pluie, nous entendons un chant d'oiseau. Même sous la neige épaisse, nous voyons poindre des perce-neiges et des pousses nouvelles. » (Ibid., p. 180)

Tout est mouvement, tout est un. Si nous pratiquons l'écoute claire, avant que la pluie s'arrête, l'oiseau chante déjà. Et la vision claire, alors, avant que la neige fonde, on voit la verdure.

### Thich Nhat Hanh

Cette voie de la vision et de l'écriture claires est suivie par le moine Zen vietnamien Thich Nhat Hanh, militant pour la paix, qui reçut la « transmission de la lampe » pour devenir un maître Zen en 1966. Il étudia à Princeton, enseigné le bouddhisme à Columbia au début des années 1960. Il rencontra Martin Luther King et Thomas Merton, lequel publia l'essai *Nhat Hanh is my brother*. En 1982, il s'installa au Village des Pruniers, un centre Zen en Dordogne, dans le sud de la France[12]. Il est l'auteur de nombreux livres, dont *Cultivating the Mind of Love*, sous-titré *The Practice of Looking Deeply in the Mahayana Buddhist Tradition*.

Nhat Hanh écrit avec un esprit clair et une remarquable simplicité. Il enseigne le concept de la pleine conscience, le lâcher-prise de nos pensées et de nos préoccupations, afin d'être conscient du seul moment présent. Dans *Cultivating the Mind of Love*, il alterne des moments de sa propre formation avec des textes bouddhistes pour nous montrer comment cultiver notre propre esprit d'amour. Sa façon sincère et naturelle de présenter les concepts bouddhistes permet au lecteur d'entrer dans le royaume du Zen. En voici un exemple :

> « Dans le Sutra du Serpent, le Bouddha nous dit que le Dharma [l'enseignement] est un radeau que nous pouvons utiliser pour traverser la rivière et atteindre l'autre rive. Mais après avoir traversé la rivière, il serait stupide de continuer à porter le radeau sur nos épaules. » (Hanh 1996, p. 28)

Nhat Hanh poursuit : il vaudrait mieux laisser le radeau au bord de l'eau pour que quelqu'un d'autre l'utilise de la même façon. Nous l'écoutons facilement. Et l'on s'en souvient facilement.

Nhat Hanh conclut *Cultivating the Mind of Love* par un enseignement sur la vue. Un jour d'automne, alors qu'il pratiquait la méditation en marchant, les feuilles tombaient comme la pluie. Il marche sur une feuille, la ramasse, la regarde et lui sourit. Il réalise que la feuille a toujours été là. Elle tombe en automne et se remanifeste au printemps.

---

[12] Il est retourné définitivement au Vietnam en octobre 2018, à la pagode Tu Hieu.

« Quand j'ai regardé intensément la feuille, j'ai vu qu'il ne s'agissait pas juste d'une feuille, tout comme le Bouddha n'est pas juste une personne. Le Bouddha est, au même moment, partout. La feuille, aussi, était partout. Étant exempte de notions de naissance et de mort, la feuille en était capable. » (Ibid., pp. 115-116)

Quand nous regardons les fleurs, les arbres et les enfants avec les yeux de la compassion, nous transformons toute vie. Nhat Hanh enseigne que la compassion naît de la compréhension, et que la compréhension naît du regard intense. Quand on regarde en profondeur, on écrit en profondeur. C'est ainsi que Nhat Hanh se tourne vers la poésie. Voici la strophe d'ouverture de son poème *Walking Joyfully in the Ultimate Dimension* :

« En marchant joyeusement dans la dimension ultime
Marche avec tes pieds, pas avec ta tête.
« Si tu marches avec ta tête, tu te perdras. »
(Ibid., p. 120)

La dimension ultime est la liberté totale, la paix et la joie. Nhat Hanh se réfère à cette dimension comme le fondement de l'être. Pour beaucoup d'entre nous, cela fait écho à l'enseignement de Maître Eckhart sur le même thème, *der Seele Grund*, le fondement de l'âme, la source de tout être. Que nous soyons des sages orientaux ou des mystiques occidentaux, que nous soyons Nhat Hanh ou Thomas Merton, la dimension ultime est une.

## Natalie Goldberg

Natalie Goldberg, l'une des élèves de Nhat Hanh, est une célèbre auteure et oratrice bouddhiste Zen, connue surtout pour sa série de livres sur l'art de l'écriture. Elle écrivit l'avant-propos de *Cultivating the Mind of Love*, après avoir passé une longue retraite au Village des Pruniers, où elle écoutait Nhat Hanh donner les conférences sur le Dharma qui constituent le livre.

« Je suis continuellement étonné de voir comment Thich Nhat Hanh est capable de traduire la tradition bouddhiste dans la vie quotidienne et de la rendre pertinente et utile pour tant de gens. » (Ibid., p. vii)

C'est au cours de cette retraite qu'elle commença à repérer les parallèles entre le travail d'un maître Zen et celui d'un écrivain. La clarté était la clé.

« Je me suis alors rendu compte que le travail d'un maître Zen est aussi celui d'un écrivain – ne rien tenir pour acquis mais vivre profondément et sentir la vie qui nous a été donnée. C'est aussi le travail de chacun si nous voulons apporter la paix dans ce monde. C'est notre chance d'entrevoir la nature interconnectée de toutes choses. » (Ibid., p. ix)

Après son best-seller, *Writing Down the Bones, Freeing the Writer Within*, elle continua d'enseigner l'écriture, ouvrant l'esprit de ses élèves et de son public à notre source intérieure de créativité. Après quinze ans de pratique, elle voulut transmettre ce qu'elle avait appris de la méditation Zen. Elle publia *Wild Mind, Living the Writer's Life*.

« La pratique de l'écriture, comme celle du Zen, vous ramène à votre état d'esprit naturel, à sa nature sauvage, où l'on ne trouve pas de délicates rangées de glaïeuls. L'esprit est brut, débordant d'énergie, vivant et affamé. Il ne pense pas de la façon dont on nous a appris à penser – raffinée, agréable. » (Goldberg 1990, p. xiii)

Nous devons éveiller notre esprit sauvage. Être écrivain, c'est tout un mode de vie, une façon de voir, une manière d'être. Comme les maîtres Zen, les écrivains transmettent ce qu'ils savent.

### Dinty W. Moore

Un autre exemple d'écriture claire vient de Dinty W. Moore, auteur de plusieurs livres de fiction et de non-fiction, professeur d'écriture créative à l'Ohio University. Au cours de sa recherche d'écriture et de créativité, Moore s'ouvrit à la voie du bouddhisme et se convainquit de la sagesse simple de la pleine conscience. Dans un de ses livres récents, *The Mindful Writer*, Moore, pour montrer comment l'écriture et la pleine conscience se recoupent, propose une série de citations d'un large éventail d'écrivains et d'artistes, suivies de brèves réponses pour illustrer leur convergence.

Voici comment Moore répond à la citation de George Saunders : « Restez ouvert, tout le temps, si ouvert que ça fait mal, puis ouvrez encore un peu plus » :

« Regardez un enfant, peut-être âgé de deux ans, aux yeux écarquillés, tout émerveillé, qui s'étonne de la moindre chose – un papillon jaune, une pierre lisse, le sourire d'un étranger – ou qui, en un instant, est prêt à tempêter devant la douleur et l'injustice du monde.

« Regardez un adulte quelconque : blasé, sceptique, il a tout vu et est prêt à rejeter ses propres sentiments, qu'il juge faux parce que son intellect essaie d'atténuer les émotions [...]
« Quand j'écris bien, je suis plus proche de cette première personne, l'enfant et sa fraîcheur du moment, surpris par toute chose, parce que je vois différemment. » (Moore 2012, pp. 130-131)

Moore nous demande de voir la pierre, le papillon, le sourire, comme si nous les voyions pour la première fois. Et sommes-nous prêts à crier à l'injustice du monde ? La pleine conscience signifie simplement être ouvert à ce qui se trouve directement devant nous.

### C. G. Jung

Une vision et une écriture claires... il en fut de même pour Jung lorsqu'il écrivit *Ma vie*. Il était tard dans sa vie. Il dictait le texte à sa collègue Aniela Jaffé. Puis, repris par la mystique de l'écriture, il continua tout seul. L'écriture elle-même est magnifique. Arrêtons-nous un moment pour nous rappeler que nous lisons une traduction et pour reconnaître le travail important et précieux des traducteurs.

Si nous revenons en arrière et regardons les exemples de vision claire donnés précédemment dans ce chapitre, nous ne pouvons pas nous empêcher d'en apprécier l'écriture claire.

L'extrait suivant concerne son voyage en Inde en 1938. Jung décrit ici sa visite aux stûpas de Sanchi, là où Bouddha a prononcé son sermon du feu.

> « [Les stûpas] m'empoignèrent avec une force inattendue et éveillèrent en moi l'émotion qui naît d'ordinaire quand je découvre une chose, une personne, une idée dont la signification me reste encore inconsciente. Les stûpas s'élèvent sur une colline rocheuse au sommet de laquelle conduit un sentier agréable fait de dalles de pierre posées à travers une plaine verdoyante. » (Jung 1962, p. 319)

Jung décrit comment il a traversé l'un des quatre portiques ouvragés. Le chemin tournait ensuite à gauche et menait à un déambulatoire autour du stupa. Quand il termina une circumambulation, il en fit une deuxième. À ce moment-là, il fut submergé d'émotion.

> « Le vaste panorama sur la plaine, les stûpas eux-mêmes, les ruines du temple et le silence de la solitude de ce lieu sacré forment un ensemble indescriptible qui me saisit et me retint. Jamais auparavant, je n'avais à ce point été envoûté par un site. Je me séparai de mes compagnons et me sentis subjugué par l'atmosphère de ce lieu. » (Ibid., pp 319-320)

C'est dans cet état de rêverie qu'il entendit s'approcher des bruits rythmés de gongs. Un groupe de pèlerins japonais arrivait, marchant l'un derrière l'autre ; chacun frappait sur un petit gong et scandait la prière séculaire *Om mani padme houm*.

> « Ils se prosternèrent profondément devant les stûpas et entrèrent ensuite par le portail. Puis ils se prosternèrent à nouveau devant la statue du Bouddha et entonnèrent une sorte de chant choral. » (Ibid., p. 320)

Ils accomplirent la double circumambulation en chantant un hymne devant chaque statue du Bouddha.

« Tandis que je les observais, mon esprit les accompagnait et quelque chose en moi les remerciait de tout mon cœur silencieusement, parce qu'ils étaient si excellemment venus à l'aide de sentiments que je pouvais articuler [...]
« Là, le bouddhisme s'est révélé à moi en une réalité nouvelle. Je compris la vie du Bouddha comme la réalité du Soi qui avait pénétré une vie personnelle et la revendiquait. » (Ibid.)

Par cette expérience du regard, de cet éveil intérieur, si clairement transcrit, Jung comprit que, pour Bouddha, le soi est au-dessus de tous les dieux et représente l'essence de l'existence humaine et du monde dans son ensemble.

Avant de conclure ce chapitre sur le Zen, je me tourne vers l'introduction de mon livre *One Year to a Writing Life*, où j'évoque la source de notre écriture. Elle se trouve en nous, et c'est la même source créatrice, le même puits profond dans toutes les traditions spirituelles. Quand nous y puisons, nous trouvons nos mots. Mais nous devons le faire d'une manière Zen, en nous rappelant l'importance d'une pleine attention. Sans laisser notre esprit interférer.

« Si le puits est bouché, l'eau ne remonte pas. Mais si nous éliminons ce qui l'encombre, notre créativité déborde et touche ceux qui nous entourent. L'inspiration, c'est respirer. Nous inspirons, nous puisons l'eau dans le puits. Nous expirons, nous emportons l'eau avec nous. Nous le faisons avec des mots, en trouvant nos histoires dans le noir et en les partageant à la lumière. » (Tiberghien 2007, p. xix)

Nous trouvons nos mots en nous. Mais nous devons d'abord éliminer ce qui encombre, tout ce qui bourdonne, les bruits, la télévision, l'ordinateur, l'iPhone. Nous devons pratiquer le Zen. La vision claire. Puis l'écriture claire, lorsque nous portons nos mots avec nous, vers le monde qui nous entoure.

Voici une suggestion d'écriture :
Écrivez, avec l'esprit d'un débutant, une page dans votre journal, ou peut-être un poème sur la vision d'une fleur blanche, d'un ginkgo ou autre chose. Fermez les yeux, voyez la fleur ou l'arbre, puis mettez quelques mots sur le papier. Ne pas penser, ne pas juger. Plongez dans le puits et soyez surpris.

En conclusion, lisons un *koan* qui résume parfaitement ce chapitre sur le Zen. Mais, comme Maître Eckhart nous l'a appris, nous devons briser la coque pour arriver au noyau.

« Un Maître Zen dit à son disciple : "Va chercher mon éventail en corne de rhinocéros." »
« Disciple : "Désolé, Maître, il est cassé." »
« Maître : "Bien ; alors donne-moi le rhinocéros." » (Merton 1968, p. 14)

Apprendre le Zen, c'est entrer dans l'inconnu. Aller chercher le rhinocéros. S'enfoncer dans le puits qui est en nous. Se confronter à l'inconscient. Voir la fleur de pêcher. Découvrir une parenté avec tout ce qui nous entoure. Vivre l'unité de la création. C'est une vision claire, une écriture claire.

## Chapitre 8

## *Écrire vers la plénitude : cultiver le Soi*

« L'atteinte de la plénitude exige que l'on mise tout son être. Personne ne peut sous-estimer cette exigence. »
C. G. Jung[13]

« Il y a quelque chose dans les profondeurs de notre être qui a soif de plénitude. »
Thomas Merton

La plénitude a été le but des chercheurs en spiritualité dès les premiers temps. Comment le concept de plénitude a-t-il été perçu au cours des siècles ? Nous apprendrons d'Hestia, la déesse du foyer, puis de Lao Tseu, et de Platon, et plus tard de Julian of Norwich. Qu'entendaient-ils par « plénitude » ? Nous nous tournerons ensuite vers Jung, dont la vie entière a été un voyage vers la plénitude, relirons le *Livre Rouge* et verrons comment les différentes étapes de sa vie ont donné sa forme physique à la Tour de Bollingen. Il appelait son voyage l'individuation, par laquelle l'inconscient

---

[13] Jung, 1939, *Avant-propos à l'Introduction au bouddhisme Zen, de Suzuki*. La traduction « officielle » de la phrase originale en allemand figure dans *Psychologie et orientalisme*, p. 216 : « La réalisation de la totalité exige l'intervention du tout. Nul ne peut transiger avec cette exigence. » La version anglaise donne : « The attainment of wholeness requires one to stake one's whole being. Nothing less will do. » La formulation citée en exergue de ce chapitre semble plus indiquée, ici (NdT).

est amené à la conscience, pour être intégré à l'ensemble de la personnalité, le soi.

Nous irons ensuite à Thomas Merton, dont la recherche d'une plénitude sous-jacente s'apparenta à celle de Jung. Puis, pour nous aider à répondre à ce même désir en nous-mêmes, nous lirons des extraits de Clarissa Pinkola Estés, Annie Dillard et Orhan Pamuk, auteurs contemporains qui écrivent vers la plénitude. Nous verrons comment unir les différentes parties de nous-mêmes dans l'être unique qui est notre destinée. Nous écrirons vers la plénitude.

### 1) Qu'est-ce que la plénitude ?

La plénitude est la révélation de l'unité de tout. L'unité de l'humanité, l'unité de la nature, l'unité de toute la création. Une telle vision de l'unité de toutes choses est un état de grâce que l'on trouve dans toutes les religions : hindouisme, bouddhisme, taoïsme, Zen, mysticisme chrétien, mysticisme juif, soufisme. C'est la graine qui devient quelque chose d'encore plus grand que le moutardier, la graine qui devient une communauté mondiale vivant en paix sur notre planète.

Cette unité se voit très bien dans la complémentarité des contraires, l'un des plus anciens secrets de l'existence humaine. Pensez à l'arc-en-ciel, où se mélangent pluie et soleil. Des opposés, qui s'unissent magnifiquement. Pensez à la musique, fluctuation de sons et de silences ; nous avons besoin des deux, sinon il n'y a pas de musique. Et aux fortes émotions : la joie s'accompagne souvent de larme. Des opposés.

Thomas Merton, moine trappiste, écrit dans son essai *Herakleitos the Obscure* : « La paix véritable est l'harmonisation secrète des tensions opposées – un paradoxe et un mystère qui transcendent les sens et la volonté, telle l'extase du mystique. » (Pramuk, 2009, p. 139) L'harmonisation des opposés. Pluie et soleil, son et silence, joie et larmes, nuit et jour. Sans nuit, il n'y a pas de jour. Sans l'un, il n'y a pas l'autre. Regardons, à travers l'histoire, les personnages qui représentent la plénitude et parlent d'elle. Nous pourrions commencer par Hestia, la fille aînée de Rhéa et de Cronos, et pourtant la moins connue des grands dieux et déesses grecs. Hestia gardait le foyer sur le Mont Olympe. Les autres dieux et déesses quitteraient le mont Olympe, chercheraient l'aventure et reviendraient ensuite. Hestia attendrait. Le foyer d'Hestia brûlait dans chacune des maisons. Voici la prière homérique qu'on récitait chaque matin :

> « Hestia, [toi] qui protèges la demeure sacrée de l'Archer Apollon, dans la divine Pythô, l'huile liquide coule toujours de tes tresses. Viens dans cette demeure, ayant un esprit propice, avec le prévoyant Zeus, et accorde la grâce à mon chant. » (Homère, hymne 24)

Son foyer rond est le symbole du mandala, ou cercle sacré, représentant un état d'harmonie, de plénitude. En son centre se trouvait un feu sacré, auquel tout est lié et qui est en soi une source d'énergie. Le foyer d'Hestia est un symbole de plénitude, l'archétype de l'unité qui nous relie à l'essence de la création.

À l'autre bout du monde, voici Lao Tseu (604-531 avant J.-C.) et le *Tao te King*. La tradition nous dit que Lao Tseu était un sage, conservateur des archives impériales à la capitale chinoise de l'époque, Luoyang. Lassé par la décadence de la société, il partit vivre seul dans le désert. Mais, à la passe de Hanku, un garde-barrière l'arrêta et le supplia de consigner par écrit l'essentiel de son enseignement. Apprécions ses paroles au chapitre 28 du *Tao te King* :

> « Connais le viril,
> Mais tiens-t'en au féminin ! »

Le *Tao te King* parle d'une plénitude intérieure, le yin et le yang. Ensemble, ils sont le Tao. Lao Tseu nous invite à unir ces forces en nous-mêmes, masculin et féminin, lumière et obscurité.

Deux siècles plus tard, en Grèce, revenons au *Banquet* de Platon (vers 380 avant J.-C.) et au discours d'Aristophane sur le désir humain de plénitude. Plusieurs disciples de Socrate discutent de la nature de l'amour. Aristophane définit l'amour comme le désir pour l'autre. Il raconte ce mythe de l'origine de l'être humain :

« La forme de chaque être humain était celle d'une boule, avec un dos et des flancs arrondis. Chacun avait quatre mains, un nombre de jambes égal à celui des mains, deux visages [...]. Cela dit, leur vigueur et leur force étaient redoutables, et leur orgueil était immense [...]. Ils s'en prirent aux dieux [...]. Zeus et les autres divinités délibérèrent pour savoir ce qu'il fallait en faire [...]. Après s'être fatigué à réfléchir, Zeus déclara :

« Il me semble, dit-il, que je tiens un moyen pour que, tout à la fois, les êtres humains continuer d'exister et que, devenus plus faibles, ils mettent un terme à leur conduite déplorable. En effet, dit-il, je vais sur-le-champ les couper chacun en deux [...]." Cela dit, il coupa les hommes en deux, comme on coupe les œufs avec un crin [...].

« Ce souhait s'explique par le fait que la nature humaine qui était la nôtre dans un passé reculé se présentait ainsi, c'est-à-dire que nous étions d'une seule pièce : aussi est-ce au souhait de retrouver cette totalité, à sa recherche, que nous donnons le nom d'amour. »[14]

Pour Aristophane, la recherche de l'autre était la recherche de notre unité originelle. Séparés de notre autre moitié, nous aspirons à la plénitude. Nous serons toujours à la recherche de notre moitié manquante, de la plénitude. C'est à ce « souhait de retrouver cette totalité que nous donnons le nom d'amour. »

Au XIVe siècle, voici Julian of Norwich, mystique, écrivaine, ermite, une solitaire enfermée dans une cellule ou un presbytère, qui consacra sa vie à la prière. Son classique spirituel, *Revelations of Divine Love*, qui relate ses visions ou « révélations », est un évangile d'amour. La théologie de Julian est celle de l'intégration. Elle a vu la plénitude de Dieu – le Père, la Mère et l'Esprit – reflétée dans la création.

> « C'est pourquoi, quand il nous a fait, Dieu tout-puissant a été notre Père bienveillant ; et Dieu de sagesse, notre Mère bienveillante, et le Saint-Esprit, leur amour et leur bonté [...]. En notre Père, le Dieu tout-puissant, nous avons notre être. Dans notre Mère miséricordieuse, nous avons l'amélioration et le renouveau, et nos parties séparées sont intégrées dans l'homme parfait. »[15]

Nous avons notre être dans le Père, notre renouveau dans la Mère, et nos différentes parties sont intégrées en un seul être. Julian appelait cette intégration l' « unification » (*one-ing*). L'unification de la création avec le Créateur. Julian voyait la présence de Dieu dans toute la création. Même dans

---

[14] Platon, *Le Banquet*, §§ 189-192.
[15] Julian of Norwich, *Revelations of Divine Love*, p. 165.

une petite noisette qu'on lui a donnée. Elle tient la noisette dans sa paume et écrit :

« J'ai regardé la noisette avec ma façon de voir et j'ai pensé, qu'est-ce que ça peut être ? J'étais étonnée qu'elle puisse se conserver car je pensais que, à cause de sa petitesse, elle serait instantanément tombée dans le néant. Et l'on me répondit, dans ma façon de voir. Elle se conserve et durera toujours, parce que Dieu l'aime, et ainsi toute chose existe grâce à l'amour de Dieu. »[16]

Dans la petitesse de la noisette, Dieu a montré à Julian que le sens de toute la création est l'amour. Dans notre unité avec Dieu, tout ira bien. Et il en sera toujours ainsi.

« Tout ira bien, tout ira bien, et toute chose sera bien. »[17]

Julian, l'ermite du XIV$^e$ siècle, est arrivée à un sentiment de plénitude qui lui a permis de dire : « Tout ira bien. » Faisons une pause pour nous demander ce que nous pensons de la plénitude. Comment la voyons-nous ?

Voici une suggestion d'écriture :
Qu'est-ce que la plénitude signifie pour vous ? Quelle image de plénitude vous vient à l'esprit ? Un arc-en-ciel ? Une noisette ? Un chêne ? Le visage d'un enfant ? Décrivez-le en quelques lignes.

---

[16] Ibid., p. 68.
[17] Ibid., édition 1998, p. 80.

## 2) La quête de la plénitude dans la vie de Jung

Tout au long de sa vie, Jung fut à la recherche de la plénitude. Comme il l'écrivit dans son *Avant-propos à l'Introduction au bouddhisme Zen*, de Suzuki, « L'atteinte de la plénitude exige que l'on mise tout son être (Jung 1939, p. 216). » C'est exactement ce que Jung fit en rapprochant consciemment les opposés qu'il vécut au cours de sa longue vie. Dès ses premières années d'école, il se rendit compte qu'il avait deux personnalités : la n° un, un écolier suisse typique, et la seconde, un homme du passé respectable et faisant autorité. Parfois la n° un prévalait, parfois la n° deux. Puis, à la quarantaine, après sa rupture avec Freud, l'esprit des profondeurs l'a appelé, primant sur l'esprit du temps.

À l'écoute de l'esprit des profondeurs, Jung partit à la recherche de son âme, de son anima. Après des jours passés dans le désert, il vit son âme en une jeune fille fluette. Il lui tendit la main, pour qu'elle l'emmène. Il rencontre Élie, le prophète de l'*Ancien Testament* représentant le Logos, et sa fille aveugle Salomé du *Nouveau Testament*, représentant l'Éros. De voir Élie et Salomé vivre ensemble le choque ; devant l'inconcevable, Jung est stupéfait. La peur le saisit. Il fait nuit noire autour de lui. Nous pourrions voir ici une anticipation précoce de la *coniunctio* des logos et des éros. Jung poursuit sa route ; il rencontre différents personnages de son imagination, chacun représentant une partie différente de son être. Il met tout cela par écrit, avec ses commentaires, et le transcrit dans *Le Livre Rouge*, tout en cherchant à réunir ses deux personnalités, qu'il identifie maintenant comme l'ego et le soi. Ce serait la quête de toute sa vie.

Ce fut le chemin de Jung, qu'il élargit à l'étude de l'alchimie et des religions orientales ainsi qu'à sa recherche scientifique permanente et à son travail psychanalytique avec les patients. Sa vie fut un voyage vers la plénitude. Il l'appela individuation. Le rapprochement de la psyché consciente et de l'inconscient. La confrontation des opposés, le processus de mise en connexion de l'ego avec les images de l'inconscient, de réalisation du soi. L'éternelle *coniunctio*. Son voyage vers la plénitude est préfiguré dans le dessin de son premier mandala, *Systema munditotius* (Le Système de tous les mondes). Jung écrivit au dos du tableau : « Ceci est le premier mandala que j'ai produit, en l'an 1916, absolument inconscient de ce qu'il signifiait (Jung 2009, p. 67). » En étudiant les détails du dessin, nous pouvons penser que Jung pressentait l'immensité de la tâche qui l'attendait. Rapprocher du centre les opposés. Trouver la plénitude.

Le mandala fut publié pour la première fois anonymement en 1955 – Jung avait quatre-vingt ans. Il écrivit le commentaire suivant :

> « Il représente les opposés en présence dans le microcosme au sein du monde macrocosmique et des opposés présents en celui-ci. Tout en haut la figure de l'enfant dans l'œuf ailé, nommé Erikapaios ou Phanès [Dieu primordial grec de la création et de la vie] [...] Son pendant sombre, dans les profondeurs, est ici désigné par le nom d'Abraxas. Il représente le *"dominus mundi"*, le maître de ce monde physique [...] Une autre division du mandala est horizontale. À gauche, le serpent [...] s'enroule autour du phallus, le principe de l'engendrement. [...] À droite, [s'élève] la colombe de l'Esprit Saint, tandis que la Sagesse (Sophia) se répand à gauche et à droite à partir d'un double calice. » (Jung 2009, pp. 626-627)

À l'intérieur du cercle le plus large, formé de dentelures, le macrocosme est reproduit, mais le haut et le bas sont inversés. Les sphères ne cessent de se répéter, de s'inverser,

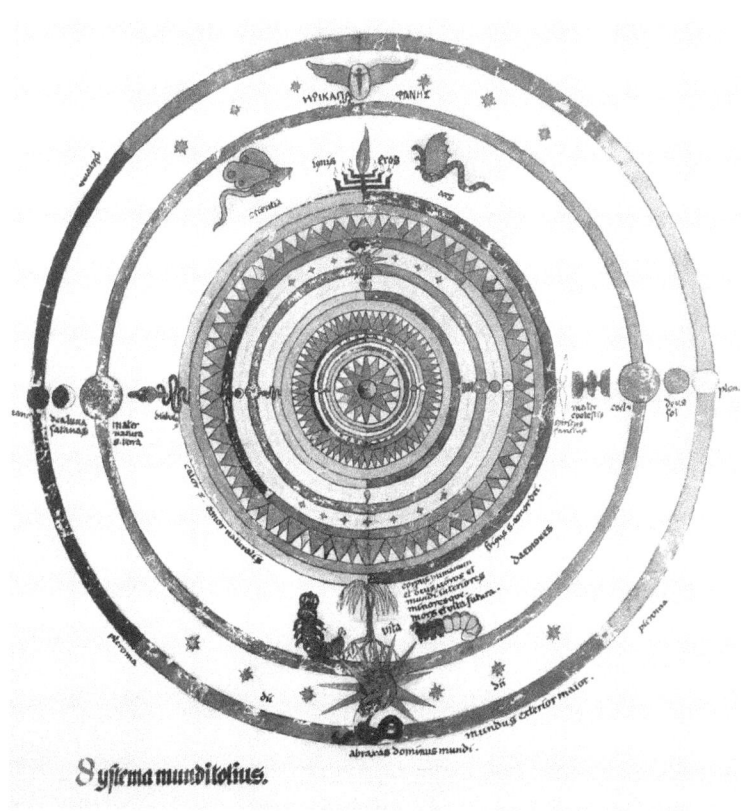

*Systema munditotius*, C. G. Jung

« se reproduisant et se rapetissant à l'infini, jusqu'à ce que le centre le plus intime, le microcosme, soit atteint (Ibid., p. 627). » Au centre se trouve une étoile ou le soleil, représentant une étincelle divine, un fragment du plérôme, l'unité ultime. Pour atteindre l'unité avec cette étincelle, nous devons transcender les contraires à travers une série infinie de *coniunctios*, intérieur et extérieur, masculin et féminin, jour et nuit, logos et éros, terre et ciel. Ce premier mandala est une représentation symbolique de la réconciliation des opposés. Le mandala fut imaginé et dessiné l'année même où Jung écrivit *Les sept sermons aux morts*, un texte magnifique composé en trois soirées, après une expérience parapsychologique dramatique, où les esprits des morts étaient apparus à la porte de Jung en criant : « Nous nous en revenons de Jérusalem, où nous n'avons pas trouvé ce que nous cherchions (Jung 1962, p. 222). » La réponse est donnée par Philémon, un gnostique d'Alexandrie imaginaire. Ce dialogue entre Philémon et les morts est en même temps un dialogue entre Jung et son inconscient. Il est inclus dans les *Épreuves*, troisième partie du *Livre Rouge*. Ce sont les pensées et les réflexions qui élucident son mandala, le *Systema munditotius*, la psycho-cosmologie de Jung.

J'eus la chance de tenir le tableau original dans mes mains, dans le bureau de Robert Hinshaw, l'éditeur de mon premier livre, *Looking for Gold*. Aniela Jaffé, collègue et secrétaire privée de Jung jusqu'à sa mort, avait donné ce mandala à Hinshaw. Comme je tenais le tableau et regardais les images, les sphères ont commencé à tournoyer lentement et à se retourner. Je les ai vues rapetisser et s'approcher du centre. Puissent mes paroles ici exprimer ma gratitude.

Examinons maintenant deux des dialogues qui illustrent les efforts de Jung vers la plénitude, tous deux tirés du *Liber secundus* du *Livre Rouge*. Le premier a lieu alors qu'il se trouve sur une tour surplombant la vallée ; il rencontre le

Cavalier rouge. Écoutons le dialogue où le cavalier révèle à Jung son unilatéralité.

« Je découvre que je suis sur la plus haute tour d'un château [...] Je porte un vêtement vert. [...] Je suis le veilleur. Je regarde au loin. Là-bas, au-dehors, je vois un point rouge [...]. C'est un cavalier en manteau rouge, c'est le Cavalier rouge. [...] L'Homme en rouge est là [...]
L'Homme en rouge : "Je te salue, homme sur la haute tour. Je t'ai vu de loin, scrutant l'horizon et attendant. Ton attente m'a fait venir."
Moi : "Qui êtes-vous ?"
L'H. en r. : "Qui je suis ? Tu penses que je suis le Diable. Ne porte pas de jugement. Peut-être peux-tu aussi parler avec moi sans savoir qui je suis. Quel genre de compère superstitieux es-tu donc, pour penser tout de suite au Diable ?"
Moi : "Tu éveilles ma curiosité. Tu sembles être d'une espèce rare. [...] Tu es accompagné d'une atmosphère étrange, qui a [...] quelque chose de païen."
L'H. en r. : "[...] Tu es un homme incroyablement pesant et sérieux. [...]"
Moi : "Tu es évasif et tu ne veux pas te trahir. Que caches-tu ?"
L'H. en r. : "Je ne cache rien, sincère compagnon. [...] Qu'as-tu donc dans la tête, que diable ! Seul le christianisme [...] peut rendre les gens aussi pesants et ennuyeux."
Moi : "Je pense qu'il pourrait bien y avoir d'autres choses qui incitent au sérieux."
L'H. en r. : "Ah, je sais, tu penses à la vie. [...]. La vie n'exige aucune gravité, au contraire, on traverse mieux la vie en dansant. [...]"

> Moi : "Il existe peut-être aussi une joie devant Dieu que l'on pourrait appeler danse. Mais je n'ai pas encore trouvé cette joie [...]."
> L'H. en r. : "Ne me reconnais-tu pas, mon frère, je suis la joie !"
> Moi : "Serait-il possible que tu sois la joie ? Je te vois comme à travers un brouillard. Ton image se dissipe à mes yeux. Laisse-moi saisir ta main, mon doux ami, où es-tu ? Où es-tu ?"
> La joie ? Était-il la joie ? » (Jung 2009, pp. 239-246)

Jung reconnut rapidement L'Homme en rouge comme son propre diable. Mais très vite, il se rendit compte que cet Homme en rouge était aussi sa joie, le contraire de sa lourdeur morose. Pendant qu'ils parlent, le manteau rouge du cavalier prend une couleur chair, et des feuilles bourgeonnent de toutes parts sur le vêtement vert de Jung. Il écrit dans le commentaire qu'il s'est comporté avec son diable comme avec une personne réelle. En s'entendant avec lui, il a pris une part de sa joie et son diable a pris une partie de son sérieux. Dans le verdissement de Jung tel un arbre au printemps, nous comprenons qu'il a perdu un peu de son unilatéralité et est devenu plus complet. Il y a eu rapprochement des opposés, une *coniunctio*.

Le second dialogue se tient avec son âme, non plus une jeune fille mais une femme redoutable, capable de le défier, de montrer à cet entêté de Jung tous les morceaux éparpillés de lui-même. Elle exhorte Jung à trouver sa propre voie. Cette vision s'intitule *Les trois prophéties*.

> « Des choses étranges s'approchaient. J'appelai mon âme et je la priai de plonger dans ce flot dont j'avais perçu le lointain mugissement. [...] Alors elle plongea, rapide comme une flèche, dans l'obscurité, et des profondeurs elle s'écria : "Es-tu prêt à accepter ce que j'apporte ?"

Moi : "Je suis prêt à accepter ce que tu donnes. Ce n'est pas à moi que revient le droit de juger et de rejeter."
Â : "Alors écoute : il y a ici, dans les profondeurs, de vieilles cuirasses, des armements de nos pères, rongés par la rouille, des lanières de cuir putrides y sont accrochées, des fûts de lance vermoulus, des pointes de javelots tordues, des flèches brisées [...]. Veux-tu accepter tout cela ?"
Moi : "J'accepte. Tu en sais plus que moi, mon âme [...]"
Â : "Je trouve les trésors de toutes les civilisations passées – de magnifiques images des dieux – de vastes temples – des peintures – des rouleaux de papyrus [...] – des livres emplis d'une sagesse oubliée – des chants et des cantiques de prêtres d'autrefois – les histoires qui ont été contées à travers mille générations."
Moi : "Il s'agit d'un monde – je ne peux embrasser une telle étendue. Comment puis-je accepter ?"
Â : "Pourtant tu voulais tout accepter ? Tu ne connais pas tes limites. Ne peux-tu pas te fixer des limites ?"
Moi : "Il faut bien que je me fixe des limites. Qui pourrait jamais être capable d'embrasser pareille richesse ?"
Â : "Sois humble et cultive ton jardin avec sobriété."
Moi : "Je veux le faire. Je vois qu'il n'y a nul profit à conquérir une part plus grande de l'immensité au lieu d'une plus petite. Un petit jardin bien entretenu vaut mieux qu'un grand jardin mal entretenu [...]."
Â : "Prends une cisaille et émonde tes arbres." »
(Ibid., pp. 413-414)

Jung, dans le commentaire, se rend compte qu'il doit retourner dans la petitesse du réel. Dans son modeste jardin. Il a tout laissé grandir démesurément. Forêts et plantes grimpantes ont poussé. Il est recouvert d'une prolifération sans fin. Il reconnaît son ambition et son avidité. Il se demande comment il peut tenir ce qu'il n'est pas. Son âme est d'accord : « Garde-toi de savoir au-delà de toi-même. [...] Que celui qui sait se contente de se savoir lui-même. Telle est sa limite. » (Ibid., p. 416)

Jung était dans sa quarantaine, et l'Âme lui disait d'apprendre à se connaître. Qui était-il ? Il se rend compte qu'il n'a aucun mythe où s'ancrer, aucune légende comme modèle de vie. Il avait étudié les mythes des peuples anciens, mais lui-même se trouvait sans mythe. Depuis son éducation protestante suisse, avec un père pasteur, il réalise qu'il a depuis longtemps survécu au mythe chrétien. Il lui incombera d'en élaborer un nouveau, qui sera la synthèse de la confrontation entre son moi et l'inconscient.

Il parle de la découverte de son mythe dans le *Prologue* de *Ma vie*. « Ma vie est l'histoire d'un inconscient qui a accompli sa réalisation. Tout ce qui gît dans l'inconscient veut devenir événement » (Jung 1962, p. 19). La personnalité cherche à vivre en tant que totalité. C'est une histoire d'individuation, de rassemblement des morceaux de sa vie, ses expériences intérieures, ses rêves et ses imaginations. Tout cela constitue la *matière originelle* de son travail scientifique. Shamdasani souligne dans son livre (2012) que ses années de recherche, d'écriture et d'enseignement lui ont permis de rédiger ses découvertes en langage scientifique qui leur conférera leur notoriété. Cela mènera à son œuvre finale, *Mysterium Coniunctionis*, écrite en 1955.

Le sous-titre de ce livre est « Études sur la séparation et la réunion des opposés psychiques dans l'alchimie ». Comme nous l'avons vu au chapitre 6, les alchimistes, en essayant de transformer les vils métaux en or, recherchaient l'essence spirituelle de la création, l'*anima mundi* ; ou, en termes psychologiques, ils cherchaient l'archétype de la plénitude, le soi. L'alchimie donna à Jung le langage symbolique pour décrire la *coniunctio*, la séparation et la synthèse des opposés.

Voici le début de cet ouvrage.

> « Les facteurs qui se combinent dans la "conjonction" sont conçus comme des contraires qui, ou bien s'affrontent d'une manière hostile, ou bien s'attirent avec amour. Il s'agit en premier lieu d'un *dualisme* qui revêt par exemple la forme des oppositions suivantes : humide – sec ; froid – chaud ; choses supérieures – choses inférieures ; esprit ou *anima (âme)* – corps ; ciel – terre ; feu – eau ; clair – obscur [...] ; bon – mauvais ; manifeste – caché ; orient –occident ; vivant – mort ; mâle – femelle ; soleil – lune. »[18] (Jung 1955, p. 29)

Nous voyons que Jung donne maintenant des mots au *Systema munditotius*, le mandala qu'il peignit quarante ans plus tôt. La clé de la plénitude est le rapprochement des opposés. Par les étapes de l'individuation, nous devenons porteurs des contraires. Tenir dans une main le feu et dans l'autre l'eau, tenir ensemble l'Est et l'Ouest, le bien et le mal. Ne plus projeter l'un ou l'autre en dehors de nous, mais les porter ensemble. C'est cela le voyage vers la plénitude.

Il est intéressant de voir que les étapes du voyage de Jung se matérialiser dans la construction de sa Tour à

---

[18] Le texte de Jung fait état des noms latins, en sus des noms français. Pour simplifier la lecture, les noms latins ont été supprimés, tant dans le texte de l'auteure que dans la traduction (NdT).

Bollingen. C'est en 1923, alors qu'il travaillait toujours sur *Le Livre Rouge*, que Jung voulut représenter ses pensées les plus profondes au moyen de pierres. Dès le début, il savait qu'il construirait près de l'eau. À l'origine, il pensait à une hutte africaine tapie à même le sol, mais il trouva cela trop primitif et construisit la première maison ronde, « une vraie tour d'habitation. » (Jung 1962, p. 261)

> « Le sentiment de repos et de renouvellement, lié pour moi dès le début à la tour, fut très puissant. C'était pour moi comme une demeure maternelle. Peu à peu cependant, j'eus l'impression [...] que quelque chose encore y manquait. » (Ibid.)

Le voyage se poursuivit. Il manquait quelque chose. Quatre années plus tard, en 1927, vint s'ajouter la construction centrale avec une annexe en forme de tour. Mais après un certain temps, il éprouva à nouveau un sentiment d'incomplétude. Aussi, quatre années plus tard, en 1931, il reconstruisit l'annexe ; elle devint une véritable tour, et une pièce lui fut exclusivement réservée, où il pourrait exister pour lui-même. Il pourrait s'y retirer, comme il l'avait vu en Inde, et y serait absolument seul.

> « Dans cet espace fermé, je vis pour moi-même [...] Au cours des années j'en ai peint les murs, y exprimant toutes les choses qui me conduisent de l'agitation du monde dans la solitude, du présent dans l'intemporel. C'est un recoin de la réflexion et de l'imagination. » (Ibid.)

Jung était toujours à la recherche de la plénitude. Et encore une fois, quatre ans plus tard, en 1935, s'éveilla en lui le désir d'avoir un espace plus vaste, ouvert au ciel et à la nature, et il ajouta une cour et une loggia du côté du lac. Il se rendit compte qu'il avait ajouté une quatrième partie aux trois autres de la maison. Et nous voyons ici la quadrature du cercle, la plénitude du chiffre quatre.

Puis, après la mort de sa femme, en 1955, Jung ressentit à nouveau le besoin de faire un autre ajout à sa maison. Cette année-là, il venait d'avoir quatre-vingts ans. Il avait atteint une sérénité qui l'accompagnera jusqu'à sa mort, six ans plus tard. Il était devenu la personnalité entière qu'il avait définie comme étant le but de l'individuation (Jung 1951, p. 186). Il était devenu son propre soi. Il se rendit compte que la partie centrale du bâtiment, jusqu'alors très basse et ramassée entre les deux tours, représentait son moi. Il voulait plus de lumière, plus d'espace et des horizons plus vastes. Il ne pouvait plus se cacher derrière les tours « maternelle » et « spirituelle ».

« Alors, je l'élevai en lui ajoutant un étage. Plus tôt, je n'aurais pas été à même de le faire : je l'aurais considéré comme une présomptueuse affirmation de moi-même. En vérité, cela traduisait la supériorité de l'*ego* acquise avec l'âge, ou celle de la conscience. » (Ibid., p. 262)

Jung construisit donc sa maison par tronçons, en réponse aux besoins de sa personnalité du moment. C'était une concrétisation du processus d'individuation. Pendant qu'il construisait un tronçon, il n'avait pas en tête le plan d'ensemble. Plus tard seulement, il vit que toutes les parties s'ajustaient les unes aux autres et « la forme pleine de sens qui en était résulté, un symbole de totalité psychique ». (Ibid.)

C'est certainement la plénitude de la structure qui s'imposa à moi lorsque je pus, très récemment, visiter la Tour avec un petit groupe d'amis d'orientation jungienne, guidé par son petit-fils Hans Hoerni. Et c'était aussi son caractère rudimentaire. Pierre après pierre mise en place à la main,

*La Tour, à Bollingen*

niveaux et sculptures dissimulés, table à manger au milieu de la cuisine, marches disparaissant en haut, petite cour fermée, tourelle après tourelle. Jung y passait trois à quatre mois par an dans ses dernières années, sans électricité, sans eau courante et avec seulement des feux de bois. Son petit-fils se souvenait d'être arrivé enfant et d'avoir vu son grand-père et quelques amis, enveloppés de manteaux, d'écharpes de laine et de gants de laine, recroquevillés sur la table, plongés dans leur conversation, indifférents au froid glacial. C'était le pouvoir de la Tour.

    Ses deux personnalités avaient grandi ensemble ; le jeune écolier était maintenant le vieil homme, la personnalité n° 2, qui était Philémon dans ses visions du *Livre Rouge*, avait refait surface à Bollingen. Ici, dans sa Tour, Jung disait qu'il se trouvait au cœur de sa véritable vie. Il pouvait prendre soin de lui-même, s'occuper de la cheminée, allumer les lampes à pétrole, pomper l'eau du puits. Ici, il pouvait vivre en harmonie avec la nature, avec le monde qui l'entourait.

« Par moments, je suis comme répandu dans le paysage et dans les choses [...] Tout a son histoire qui est aussi mon histoire et ici il y a place pour le domaine des arrière-plans, situé hors de l'espace. » (Ibid., p. 263)

Jung dans sa vieillesse avait trouvé la plénitude. La plénitude en lui-même et dans son entourage. Comme il l'écrit, « L'individuation n'exclut pas l'univers, elle l'inclut. » (Ibid., p. 458) Jung ne faisait qu'un avec le monde.

Avant de passer à un autre géant spirituel du XX$^e$ siècle, Thomas Merton, demandons-nous où nous en sommes dans notre propre recherche de plénitude.

Voici une suggestion d'écriture :
Prenez quelques instants pour vous souvenir d'un moment où vous vous êtes senti ne faire qu'un avec vous-même. Ressentiez-vous du bien-être ? Étiez-vous près de l'eau, dans les bois ? Étiez-vous avec un être cher ? Écrivez quelques lignes sur votre vécu.

### 3) La recherche de la plénitude chez Merton

Revenons maintenant au moine trappiste Thomas Merton ; il tenait son journal, comme je l'ai indiqué au chapitre 1, et pratiquait le Zen – voir au chapitre 7. Merton a lutté toute sa vie pour concilier ses différentes personnalités : le moine, le contemplatif, l'écrivain, le poète, le bohème, l'activiste social, le pionnier interreligieux, l'homme vulnérable. Non seulement jonglait-il avec ces différents rôles à l'extérieur, mais il luttait aussi pour trouver sa propre plénitude intérieure. La mort prématurée de sa mère, ses voyages avec son père artiste, son cercle de collègues masculins à Columbia, l'enceinte entièrement masculine d'un monastère trappiste, l'ont laissé aspirer à quelque chose de caché au fond de lui-même, la présence féminine.

Nous pouvons suivre le chemin de Merton vers la plénitude en lisant ses journaux. Comme il l'écrit dans son cahier le 14 avril 1966, « Le travail d'écriture peut être pour moi, ou très près de cela, le travail simple d'être : aider, par la réflexion créative et la prise de conscience, la vie elle-même à vivre en moi. » (Merton 1998, *Learning to love*, p. 370) Il a vécu par l'écriture.

Écoutons ici ses mots lorsqu'il fut témoin d'un orage un après-midi dans son ermitage, avant d'avoir la permission de s'y installer définitivement.

« Le 15 avril 1961
Orage. Le premier auquel j'ai assisté à l'ermitage.
D'ici, vous pouvez vraiment observer un orage. Les serpents blancs de la foudre traversent soudain le ciel et s'évanouissent. La vallée est voilée par une pluie blanche comme du lait. Toutes les collines disparaissent. Le tonnerre craque et cogne. La pluie dévale des gouttières du toit et l'herbe est deux fois plus verte qu'avant. »
(Merton 2001, *The Intimate Merton*, p. 172)

Il vivait l'orage, c'est comme s'il disparaissait lui-même avec les collines, et n'entendait que les claquements du tonnerre quand la pluie tombait. Mais l'herbe est devenue ensuite deux fois plus verte. Il vivait une renaissance.

À la base de la vocation contemplative de Merton se trouvait sa conviction que la contemplation n'était pas un compartiment de la vie mais plutôt une façon d'intégrer sa propre vie dans un tout. Merton a souvent écrit sur la distinction entre le faux soi et le vrai soi, faisant écho d'une certaine manière à la distinction que Jung établissait entre l'esprit du temps et l'esprit des profondeurs.

> « La première chose à faire [...] est d'essayer de retrouver votre unité naturelle basique, de réintégrer votre être cloisonné dans un ensemble coordonné et simple et d'apprendre à vivre comme une personne humaine unifiée. Cela signifie que vous devez rassembler les fragments de votre existence distraite de sorte que, lorsque vous dites "Je", il y ait vraiment quelqu'un de présent pour justifier du pronom que vous avez prononcé. »
> (Merton 2003, *The inner experience*, pp. 3-4)

Pour qu'une vie soit vécue en totalité, il faut que cette intégration ait eu lieu. Dans son essai intitulé *Final Integration, Toward a 'Monastic Therapy'*, Merton écrit que l'homme qui y est parvenu saisit pleinement sa vie à partir d'un fondement intérieur qui est plus universel que l'ego empirique. Merton, au cours des dix dernières années qui ont précédé sa mort tragique en 1968, s'est rapproché d'autres traditions, d'autres cultures. Ses études de sophiologie russe, de bouddhisme Zen, de soufisme, voire d'existentialisme et de marxisme, firent de lui un moine transculturel.

Merton, le moine intégré, avait atteint une maturité transculturelle. Cette ouverture à l'humanité tout entière fit de lui un artisan de paix.

> « Plus je suis capable de soutenir les autres, de leur dire "oui" en moi, découvrant qu'ils sont en moi et que je suis en eux, plus je suis authentique [...]. Si je m'affirme comme catholique en refusant simplement tout ce qui est musulman, juif, protestant, hindou, bouddhiste, etc., il ne me restera plus grand-chose à affirmer en tant que catholique, et certainement pas le souffle de l'Esprit avec lequel l'affirmer. » (Merton 1966, *Conjectures of a Guilty Bystander*, p. 144)

Le fondement intérieur que Merton découvrit était la présence de la Sagesse – Sophia –, la présence divine dans le monde. Elle a été le fil conducteur de sa quête de plénitude. Alors qu'il s'ouvrait à d'autres traditions, Sophia devint la clé d'une foi chrétienne globale.

Sophia apparut dans la vie et la théologie de Merton comme une présence cachée sous la surface de la réalité quotidienne. Elle est compassion, elle unifie l'humanité. Elle est ce qu'il expérimenta à *Fourth and Walnut street*, à Louisville, lorsqu'il se rendit compte qu'il ne faisait qu'un avec toute l'humanité. Elle est la beauté du monde naturel qui nourrissait son âme. Et elle est la main de l'infirmière qui le réveilla après son opération du dos et qu'il célébra dans son beau poème en prose, *Hagia Sophia*.

Christopher Pramuk écrit dans *Sophia, The Hidden Christ of Thomas Merton*, que ce poème, "Hagia Sophia", est un hymne de paix célébrant la Sagesse divine comme étant la manifestation féminine de Dieu. Voici le début de la première partie de ce texte mystique :

« Dans toute chose visible se trouve une fécondité indiscernable, une lumière tamisée, un humble anonymat, une plénitude cachée. Cette Unité, cette Plénitude mystérieuse, c'est la Sagesse, la Mère de tout [...] Elle s'élève avec une bienveillance silencieuse et jaillit vers moi des racines invisibles de toute créature [...] qui parle comme Hagia Sophia, comme ma sœur, la Sagesse. » (Pramuk 2009, p. 301)

Une plénitude cachée jaillit des racines invisibles de toute créature. Le moine trappiste, reclus à Gethsémani, son monastère du Kentucky, s'adressait à l'humanité entière. C'est pour cette ouverture à toutes les religions et à tous les peuples que le pape François, en 2015, nous nous en souvenons, l'a

*Sophia, dessin de Thomas Merton*

distingué, comme étant l'un des quatre grands Américains, avec Abraham Lincoln, Martin Luther King et Dorothy Day. « Merton était avant tout un homme de prière, un penseur qui a défié les certitudes de son temps [...], un homme de dialogue, un promoteur de paix entre les peuples et les religions. »[19]

### 4) Écrire notre chemin vers la plénitude

Jung et Merton ont tous deux écrit leur cheminement vers la plénitude. Tout au long de ce livre, nous avons vu que l'écriture est un moyen de développement personnel, d'ancrage des processus internes – réflexions, méditations, dialogues, rêves – grâce à l'imagination active. Une opportunité pour traverser le changement et les transitions, se reconnecter au flux intérieur de la vie, faire émerger de nouvelles compréhensions et une nouvelle vitalité. Voici quelques auteurs contemporains qui pratiquent l'écriture comme moyen d'atteindre la plénitude.

#### Clarissa Pinkola Estés

Clarissa Pinkola Estés est une *contadora* (gardienne des vieilles histoires de la tradition *latina*), une psychanalyste jungienne et une universitaire de renommée internationale. Dans son livre *Femmes qui courent avec les loups*, Estés présente la sagesse ancienne de nos ancêtres qui nous mène au *numen*, la puissance divine au centre de l'âme, là où nous sommes unifiés. Elle le fait en recueillant des histoires de femmes, de *La louve* à *La jeune fille sans mains* et en

---

[19] Discours du pape François devant le Congrès américain, le 24 septembre 2015. http://w2.vatican.va/content/francesco/fr/speeches/2015/september/documents/papa-francesco_20150924_usa-us-congress.html

s'interrogeant sur elles. Estés montre comment les histoires activent notre vie intérieure et nous conduisent à notre vie réelle. Elle écrit dans l'Addendum que son livre se veut une aide au travail conscient d'individuation. Durant ses nombreuses années de pratique auprès de femmes et d'hommes, elle a été témoin du besoin de force psychologique et spirituelle si l'on veut avancer dans la vie.

Si nous lisons la dernière histoire du livre, *La jeune fille sans mains*, nous suivons pas à pas les étapes de l'individuation. Au début du voyage de la fille du meunier vers la plénitude, nous voyons sa totale innocence. Son père la trahit par son pacte avec le diable. Ses mains sont coupées. C'est maintenant le temps de l'errance dans les bois, dans l'obscurité, *nigredo*. Il y a ensuite la transformation dans le monde souterrain, l'*albedo*, la nouvelle prise de conscience, et le premier mariage avec le jeune Roi, le *rubedo*. L'histoire n'est pas terminée. La jeune fille doit fuir à nouveau et gagne la forêt la plus sauvage. Et c'est ensuite le deuxième mariage avec le Roi.

En parallèle à son voyage, on note le voyage du jeune Roi. Lui aussi doit souffrir pendant sept années d'initiation. Lorsqu'il apprend que sa femme et son jeune fils sont toujours en vie, il fait le vœu de rester sans manger ni boire et de voyager jusqu'aux extrémités du ciel pour les retrouver. Il parvient finalement à l'auberge où les bûcherons s'occupaient de sa femme et de leur jeune fils. Quand il s'éveilla d'une nuit de sommeil, sa femme et son enfant le contemplaient. Ce jour-là, la joie fut grande au cœur de la forêt.

Estés écrit que les deux voyages parallèles révèlent qu'entre le féminin et le masculin, au lieu d'un antagonisme, il peut exister un amour profond, surtout quand il est enraciné dans la recherche du soi. Elle nous donne ici une autre version de la confrontation de Jung avec l'inconscient. L'histoire ne concerne pas qu'une seule partie de notre vie, mais les nombreuses phases et étapes de toute une vie. La jeune fille sans mains erra longuement dans la forêt, traversa les enfers psychiques, jusqu'à ce qu'elle réunisse chaque chose et chaque être au sein de son propre soi.

**Annie Dillard**

Revenons à Annie Dillard, l'une de nos écrivaines contemporaines les plus appréciées, que j'ai citée au chapitre 4 pour son utilisation de la métaphore dans son recueil d'essais *Teaching a Stone to Talk*. Je me réfère ici à un autre de ses livres, *For the Time Being*, une non fiction rédigée à la première personne où plusieurs sujets distincts reviennent dans chacun des sept chapitres. Dillard écrit pour répondre à une question fondamentale : comment un individu doit-il vivre ? Alors que le lecteur se familiarise progressivement avec les différentes scènes et les histoires vraies, celles-ci dessinent une image composite de notre monde. Dillard rassemble par l'écrit les pièces du puzzle, afin de trouver la réponse.

Ce récit personnel examine la situation de notre monde. De l'évolution géologique du sable à l'historique de la pensée hassidique en Europe de l'Est, Dillard pose des questions sur Dieu et l'existence. Comme dans un labyrinthe, elle se rapproche des réponses.

« Ce Dieu ne dirige pas l'univers, il le sous-tend [...] Plus nous nous éveillons à la sainteté, et plus nous lui donnons naissance, plus nous la faisons connaître, l'élargissons et la propageons sur terre [...]
« Dieu décante l'univers du temps dans un ruisseau. Notre meilleur espoir, par notre propre éveil, est de mettre les pieds dans l'eau et servir, vides comme des canaux, pour qu'il continue à s'écouler. » (Dillard 1999, pp. 140, 175)

S'éveiller à la sainteté. Pour donner naissance à la sainteté. Pour entrer dans le fleuve de la vie et servir. En observant les paradoxes de la vie, Dillard trouve ses réponses. Après avoir touché la main tendue d'une fille trisomique alors qu'elle descendait du sommet du mont Tabor, elle écrivit ce qui suit :

> « Alors que je commençais à descendre les escaliers, une chaude main se glissa dans ma main et la saisit. Je me retournai : une Israélienne d'environ seize ans, trisomique, me tenait la main. Je vis les yeux familiers et attachants [...] Elle rencontra mon sourire et le vent fit voler ses cheveux non attachés ; ses joues brillaient. Confiante, elle me tint la main tout au long des escaliers de pierre. » (Ibid., p. 191)

Dans cette brève rencontre, Dillard voit une *coniunctio*. Le rapprochement d'une femme adulte bien portante et une jeune fille trisomique confiante. Dillard réfléchit à sa signification. Peut-être, écrit-elle, qu'il faut plus de temps et plus d'individus pour voir la totalité de Dieu.

> « Même Maître Eckhart disait : "Dieu a besoin de l'homme." Dieu a besoin de l'homme pour le révéler, le compléter et l'accomplir, disait Teilhard [...] "Petit à petit", ajoutait le paléontologue, "le travail se fait". » (Ibid., p. 195)

Le travail d'éveil à la sainteté se fait, petit à petit.

### Orhan Pamuk

Un autre auteur contemporain continue d'écrire vers la plénitude, Orhan Pamuk. Au chapitre 2 de ce livre, on le voit poursuivre l'image de la neige dans son roman *Neige*. Ici, je me tourne vers son livre *Istanbul, souvenirs d'une ville* dans laquelle Pamuk dépeint la beauté envoûtante de sa cité et s'identifie à son *hüzün*, sa mélancolie.

« De la même manière que, quand je m'ennuyais durant mon enfance pendant les leçons dans la maison de ma grand-mère, je m'enfuyais vers ce monde parallèle, imaginaire [...], je me perdais dans Istanbul. En d'autres termes, acceptant sans tarder ces tristesses et peines inévitables, prix de la vie à Istanbul, j'aspirais à la tranquillité. » (Pamuk 2005, p. 503)

Pamuk écrit qu'il a déversé son âme dans les rues d'Istanbul, et qu'elle y réside toujours. Istanbul – avec ses ruelles désertes et sombres et ses maisons de bois délabrées qui disparaissent, son clair-obscur de crépuscule, le noir et blanc qui lui donne son identité – est le foyer qui ramène à Pamuk.

« Si l'on parvient à apprendre à regarder de cette façon et à vivre un long moment dans la même ville – de telle sorte que l'on ait tout loisir de faire fusionner les paysages avec nos sentiments les plus authentiquement profonds –, au bout d'un certain temps, ses rues, ses vues, ses paysages [...] se transforment en principes qui nous rappellent dans le détail certains sentiments et certains états d'âme. » (Ibid., pp. 495-499)

En s'identifiant à Istanbul, Pamuk trouve son propre soi.

« La pauvreté côtoyant la grande histoire, les quartiers repliés sur eux-mêmes malgré leur sensibilité évidente aux influences extérieures, la perpétuation de la vie communautaire, à la manière d'un secret, en arrière de la beauté monumentale et naturelle extravertie : sont-ce là les secrets d'Istanbul pour se préserver des relations fragmentées et fragiles de la vie quotidienne ? Cependant toute parole relative aux qualités générales, à l'esprit ou bien à la singularité d'une ville se transforme en discours indirect sur notre propre vie, et même plus sur notre propre état d'esprit il n'est pas d'autre centre de la ville que nous-mêmes. » (Ibid., p. 502)

Alors, il se plongeait une fois de plus dans les rues consolantes de la ville, rentrait chez lui, s'asseyait à sa table et restituait leur alchimie sur un papier. Il allait devenir écrivain. Avec ses mots et sa bien-aimée Istanbul lui servant de miroir, il jetterait un pont entre l'Orient et l'Occident.

### Susan Tiberghien

Avant de conclure ce dernier chapitre, je vais parler d'un rêve que j'ai fait pendant les années de mon analyse, un rêve terrifiant et agité dans lequel j'essaie d'établir la paix entre des ennemis de longue date. Je suis la gouvernante de l'un d'eux, le Géant du Jour. Le Géant de la Nuit vit, en face, dans un autre château. Un soir, alors que je regardais dehors avant de descendre dîner avec le Géant du Jour, je vois le Géant de la Nuit fermer sa maison et s'en aller. Je l'appelle et lui dis de venir. Lui et mon maître sont ennemis depuis trop longtemps. Je vais ouvrir la porte. S'ensuit une scène horrible. Les deux géants se jettent l'un sur l'autre. J'essaie de les arrêter. Le Géant du Jour se retourne contre moi, me cloue au sol comme pour me mordre le cou. Je me suis réveillée avec une peur intense, impuissante que je fus à rapprocher les deux forces.

J'ai évoqué ce rêve dans mon livre *Circling to the Center*, ainsi qu'un deuxième rêve, qui le suivit de près, où un étranger m'offre un bouquet de fleurs jaune vif, puis vient m'embrasser dans le cou, là même où le géant s'apprêtait à me mordre. Eros me guérissait. Je n'étais plus plaquée au sol. J'étais libre d'être à la fois avec le Géant du Jour et le Géant de la Nuit. C'était une *coniunctio*, la réunification du jour et de la nuit, de la lumière et de l'obscurité. Je n'arrêtais pas d'écrire au sujet de ce vécu, je tenais un journal pour en découvrir plus profondément le sens.

Récemment, j'en ai tiré un conte populaire, *The Lady of the Castle*. Voici la fin de l'histoire, juste au moment où la dame du château ouvre la porte du château du Géant du Jour pour laisser entrer le Géant de la Nuit.

« Elle vint l'accueillir. Le Géant du Jour se préparait. Alors il frappa durement le Géant de la Nuit, le prenant par surprise. Ils s'agrippèrent les bras. Leur bagarre retentissait dans le couloir. Les murs tremblaient de leur lutte.

« Elle roua de coups son maître avec ses poings. "Arrêtez ça", cria-t-elle. "Laissez-le être". Ses yeux étincelaient. Ses cheveux brillaient comme de l'or.

« Lâchant prise, le Géant du Jour recula, en état de choc. Il avait les larmes aux yeux.

« La nuit était entrée dans son château.

« Elle prit la main de son maître. Puis la main de son invité.

C'était fait. » (Tiberghien, *Offshoots, World Writing from Geneva*, p. 97)

Alors que je continuais à écrire sur mon rêve, je devenais de plus en plus consciente de chaque pas sur le chemin de la plénitude, j'ouvrais encore et encore la porte à l'obscurité, et je réalisais que c'était le chemin de toute une vie.

Réfléchissons un instant aux étapes que nous avons parcourues. Une étape consistait à trouver une partie de nous-mêmes qui était cachée, comme Jung le fit en dialoguant avec le Cavalier rouge. Il s'agissait, à une autre, de découvrir son unité avec la nature, comme le fit Merton dans son journal. La suivante, c'était de rechercher son foyer, comme Pamuk le fit en écrivant *Istanbul*. La dernière étape, c'était de se souvenir d'un rêve qui porte sur une *coniunctio*.

Voici une suggestion d'écriture :
Souvenez-vous d'un pas vers la plénitude que vous avez effectué. Ou que vous souhaitez effectuer. Écrivez quelques lignes à ce sujet. Une courte page de journal, à inclure dans votre propre Livre Rouge.

Tout au long de ce livre, nous avons écrit vers la plénitude. Trouvant des moyens d'assembler les parties, des parties de nous-mêmes et des parties du monde autour de nous, des moyens de développer le soi. Nous avons vu comment tenir nos propres Livres Rouges, poursuivi nos images, exploré nos rêves, composé des métaphores, admiré la beauté, pratiqué l'alchimie, appris le Zen. Nous sommes devenus plus conscients de notre unité sous-jacente avec toute la création, le rhizome qui pousse sous terre et ne se dessèche jamais. L'unité qui nous a conduits à entrevoir le Soi, l'image de Dieu, pour Jung.

En conclusion, je vais me servir de deux extraits de *Ma vie*, l'un qui figure dans les premières pages, l'autre dans les dernières, ouvrant et fermant ainsi le propre voyage de Jung vers la plénitude. Le premier reprend le rêve que Jung a fait dans sa jeunesse, déjà évoqué au chapitre 3. Il apparaît au début du livre, dans le chapitre *Années d'études*.

« C'était la nuit, à un endroit inconnu ; je n'avançais qu'avec peine contre un vent puissant soufflant en tempête. En outre il régnait un épais brouillard. Je tenais et protégeais de mes deux mains une petite lumière qui menaçait à tout instant de s'éteindre. Or il fallait à tout prix que je maintienne cette petite flamme : tout en dépendait [...] cette petite flamme, c'était ma conscience : c'était la seule lumière que je possédais. » (Jung 1962, p. 110)

Jung identifie cette lumière à sa conscience. Chacun de nous porte cette lumière. Notre voyage dans la vie, c'est pour la nourrir, nourrir notre conscience. Pour la rendre de plus en plus lumineuse afin qu'elle brille malgré le plus puissant des vents, même dans les moments les plus sombres.

Le deuxième extrait provient des dernières pages du chapitre *De la vie après la mort*. Jung revient ici à cette même petite lumière quand il évoque le sentiment de l'homme pour l'infini. C'est avec cette lumière – avec la conscience de notre plénitude – que nous sommes capables d'établir un lien avec l'infini. Avec l'infini de l'inconscient.

« Pour autant que nous soyons à même de le discerner, le seul sens de l'existence humaine est d'allumer une lumière dans les ténèbres de l'être pur et simple. Il y a même lieu de supposer que, tout comme l'inconscient agit sur nous, l'accroissement de notre conscience a, de même, une action en retour sur l'inconscient. » (Ibid., p. 370)

En écrivant vers la plénitude, nous contribuons au voyage de l'humanité vers la plénitude. Notre unité nous relie à l'essence de la création. Nous touchons l'infini. Et, oui, nous agissons même sur l'inconscient. C'est notre destin unique.

# Bibliographie

Augustin (Saint) (1947) *Confessions*, Paris, Éditions de Flore.
Atwood Margaret (2002) *Negotiating with the Dead - A Writer on Writing*, New York, Cambridge University Press.
Bosnak Robert (1979) *The Dream and the Underworld*, New York, Harper & Row.
— (1996) *Tracks in the Wilderness of Dreaming*, UK, Delta Publishing.
Brodsky Joseph (1992) *Watermark*, New York, Farrar, Straus & Giroux.
Carson Anne (2002) *If Not Winter - Fragments of Sappho*, translated by Anne Carson, New York, Alfred A. Knopf.
Coelho Paulo (1988 [1994]) *L'alchimiste*, Paris, Éditions Anne Carrière.
Dillard Annie (1982) *Teaching a Stone to Talk*, New York, Harper Perennial.
— (1999) *For the Time Being*, New York, Knopf.
Eckhart (Meister) (1994) *Selected Writings*, London, Penguin Books.
Edinger Edward F. (1995) *The Mysterium Lectures - A Journey through C. G. Jung's "Mysterium Coniunctionis"*, Toronto, Canada, Inner City Books.
Epel Naomi, ed. (1994) *Writers Dreaming*, New York, Vintage.
Estés Clarissa Pinkola (1992 [1996]) *Femmes qui courent avec les loups*, Paris, Grasset & Fasquelle.
Freud Sigmund (1900 [1967]) *L'Interprétation des rêves*, Paris, Presses Universitaires de France.
Goldberg Natalie (1990) *Wild Mind, Living the Writer's Life*, New York, Bantam Books.
Hamilton Edith (1969) *Mythology*, New York, Mentor, New American Library.
Hanh Thich Nhat (1996) *Cultivating the Mind of Love*. Berkeley, CA, Parallax Press.
Hildegarde de Bingen (1987) *Book of Divine Works with Letters and Songs*, Matthew Fox, ed, Santa Fe, NM, Bear & Company.

Version française (en format de poche) : *Le livre des œuvres divines*, 1989, Paris, Albin Michel.

— (1987) "Scivias (Know the Way)", in *Mystical Visions*, Introduction Matthew Fox, Santa Fe, NM, Bear & Company.

Hillesum Etty (1981 [1995]) *Une Vie bouleversée, suivi de Lettres de Westerbork,* Paris, Le Seuil (Points).

Hillman James (1979) *The Dream and the Underworld,* New York, Harper and Row.

— (2013) *The Soul's Code*, New York, Random House.

Hirshfield Jane (1994) *Women in Praise of the Sacred*, New York, HarperCollins.

Hollis James (2000) *The Archetypal Imagination*. College Station, TX, Texas A&M University Press.

Johnson Robert (1983) *We - Understanding the Psychology of Romantic Love*, San Francisco, Harper San Francisco.

Jones W. T. (1952) *A History of Western Philosophy*, New York, Harcourt, Brace and Company.

Julian of Norwich (1966) *Revelations of Divine Love*, translated by Clifton Wolters, London, Penguin Books. Also, translated by Elizabeth Spearing, London, Penguin Books, 1998.

Jung Carl Gustav (1911 [1978]) *Métamorphoses de l'âme et ses symboles*, Genève, Georg & Cie.

— (1922 [1987]) « La Psychologie analytique dans ses rapports avec l'œuvre poétique », in *Problèmes de l'âme moderne*, Paris, Buchet/Chastel.

— (1929 [1979]) *Commentaire sur le Mystère de la Fleur d'Or*, Paris, Albin Michel.

— (1930 [1987]) « Psychologie et poésie », in *Problèmes de l'âme moderne*, Paris, Buchet/Chastel.

— (1933 [1979]) « Reconquête de la conscience », in *L'homme à la découverte de son âme*, Paris, Petite bibliothèque Payot.

— (1935 [1971]) « Des Archétypes de l'inconscient collectif », in *Les Racines de la conscience*, Paris, Buchet/Chastel, Livre de poche.

— (1941 [1993]) « Contribution à la psychologie de l'archétype de l'enfant », in *Introduction à l'essence de la mythologie*, Paris, Petite bibliothèque Payot.

— (1944 [1970]) *Psychologie et alchimie*, Paris, Buchet/Chastel.

— (1945 [1971]) « L'arbre philosophique », in *Les Racines de la conscience*, Paris, Buchet/Chastel, Livre de poche.
— (1950 [1985]) « À propos de la symbolique des mandalas », in *Psychologie et orientalisme*, Paris, Albin Michel.
— (1951 [1983]) *Aion - Études sur la phénoménologie du Soi*, Paris, Albin Michel.
— (1955 [1980]) *Mysterium Coniunctionis*, Paris, Albin Michel.
— (1962 [1973] *Ma vie - Souvenirs, rêves et pensées*, Paris, Gallimard.
— (1964 [1982]) *L'Homme et ses symboles*, Paris, Robert Laffont.
— (1985) *Psychologie et orientalisme*, Paris, Albin Michel.
— (2009 [2012]) *Le Livre Rouge*, Paris, L'Iconoclaste/La Compagnie du Livre Rouge.
Lao Tseu (2012) *Tao te King,* Paris, Synchronique Éditions.
Lü Yen (1962) *The Secret of the Golden Flower*, translator Richard Wilhelm, New York & London, A Harvest/HBJ Book.
Merton Thomas (1948 [1951]) *La Nuit privée d'étoiles*, Paris, Albin Michel.
— (1964-65 [1988]) *A Vow of Conversation, Journals*, New York, Farrar, Straus & Giroux.
— (1968) *Zen and the Birds of Appetite*, New York, New Directions.
— (1969) *The Way of Chuang Tzu*, New York, New Directions.
— (1973) *The Asian Journal of Thomas Merton*, New York, New Directions.
— (1979) *Love and Living*, San Diego, New York, London, Harcourt, Inc.
— (1997) *Dancing in the Water of Life - Journals, Volume V*, San Francisco, HarperSanFrancisco.
Montaldo Jonathan & Hart Patrick (1999) *The Intimate Merton*, San Francisco HarperSanFrancisco.
Moore Dinty W. (2012) *The Mindful Writer*, Boston, MA, Wisdom Publications.
O'Donohue John (2005) *Divine Beauty - The Invisible Embrace*, New York, HarperCollins Perennial Edition.
Pamuk Orhan (2002 [2005]) *Neige*, Paris, Gallimard.
— (2005 [2017]) *Istanbul - souvenirs d'une ville*, Paris, Gallimard.
Pramuk Christopher (2009) *Sophia, The Hidden Christ of Thomas Merton*, Collegeville, Minnesota Liturgical Press.

Rilke Rainer Maria (1923) *Élégies de Duino* http://www.litt-and-co.org/citations_litteraires/20e-cita/r_z_20e/rilke-duino1.htm
— (1929) *Lettres à un jeune poète*, https://beq.ebooksgratuits.com/classiques/Rilke_Lettres_a_un_jeune_poete.pdf
Shamdasani Sonu (2012) C. G. Jung - A Biography in Books, New York, W.W. Norton & Company.
Stein Murray (1998) *Jung's Map of the Soul*, Chicago, Open Court.
— (2014) *Minding the Self*, London and New York, Routledge.
Suzuki Daisetz Teitaro (1934 [1987]) *Essais sur le bouddhisme Zen*, Paris, Albin Michel.
Suzuki Shunryu (1970 [1977]), *Esprit Zen, esprit neuf*, Paris, Seuil.
Tiberghien Susan M. (2000) *Circling to the Center, One Woman's Encounter with Silent Prayer*, Mahwah, NJ, Paulist Press.
— (2015) *Footsteps, In Love with a Frenchman*, New York, Red Lotus Studio Press.
— (2007) *Looking for Gold, A Year in Jungian Analysis*, Second Edition, Einsiedeln, Switzerland, Daimon Verlag.
— (2007) *One Year to a Writing Life, Twelve Lessons to Deepen Every Writer's Art and Craft*, Cambridge, MA, Da Capo Press, Lifelong Books.
— (2015) *Side by Side, Writing Your Love Story*, New York, Red Lotus Studio Press.
Von Franz Marie-Louise (1980) *Alchemy - An Introduction to the Symbolism and the Psychology*, Toronto, Inner City Books.
Weil Simone (1966) *Attente de Dieu*, http://classiques.uqac.ca/classiques/weil_simone/attente_de_dieu/attente_de_dieu_1966.pdf
Williams Terry Tempest (2008) *Finding Beauty in a Broken World*, New York, Pantheon Books.
— (2012) *When Women Were Birds - Fifty-four Variations on Voice*, New York, Sarah Crichton Books, Ferrar, Strauss and Giroux.
Woodman Marion (2000) *Bone - Dying into Life*, New York, Viking Penguin.
Wu John Ching Hsiung (1967 [1996]) *The Golden Age of Zen*, New York, London, Image Books Doubleday.

# Crédits

From *Negotiating with the Dead,* by Margaret Atwood, Cambridge University Press. With permission of Cambridge University Press.

From *The Confessions*, by Saint Augustine, Random House. With permission of Penguin Random House.

From *Watermark*, by Joseph Brodsky, Farrar, Straus & Giroux.

From *If Not Winter, Fragments of Sappho,* by Anne Carson (Translator), Alfred A. Knopf.

From *The Alchemist*, by Paulo Coehlo, HarperCollins Publishers.

From *For the Time Being,* by Annie Dillard, Knopf. With permission of PenguinRandomHouse and permission of Russell & Volkening.

From *Teaching a Stone to Talk: Expeditions and Encounters* by Annie Dillard. Copyright © 1982 by Annie Dillard. Reprinted by permission of HarperCollins Publishers and permission of Russell & Volkening.

From *Writers Dreaming*, by Naomi Epel, Vintage Books. With permission of Naomi Epel.

From *Wild Mind*, by Natalie Goldberg, Bantam Books. With permission of PenguinRandomHouse. Also published by Rider. Reproduced by permission of the Random House Group LTD © 1991.

From *Cultivating the Mind of Love*, Thich Nhat Hahn, Parallax Press. With permission of Parallax Press, Berkeley, California.

From *Book of Divine Works,* by Hildegard von Bingen, Bear & Company Publishing.

From *An Interrupted Life*, The Diaries 1941-1943 *and Letters from Westerbork* by Etty Hillesum. *An Interrupted Life* English language translation copyright © 1983 by Jonathan Cape Ltd. Used by permission of Henry Holt and Company. All rights reserved.

From *Women in Praise of the Sacred,* by Jane Hirshfield, HarperCollins Publishers.

From *I Ching or Book of Changes,* The Richard Wilhelm Translation, Arkana, Penguin Books.

From *The Jerusalem Bible,* Darton, Longman & Todd.

From *Revelations of Divine Love,* by Julian of Norwich, Translated by Clifton Wolters, 1966 Edition. Also 1998 Edition, Translated by Elizabeth Spearing, Introduction and Notes by A.C. Spearing, Penguin Classics, 1998. Translation copyright © Elizabeth Spearing, 1998. Introduction and Notes © A. C. Spearing, 1998.

From *Memories, Dreams, Reflections,* by C.G. Jung. Translated by Richard and Clara Winston, edited by Aniela Jaffe, translation copyright © 1961, 1962, 1963 and renewed 1989, 1990, 1991 by Penguin Random House LLC. Used by permission of Pantheon Books, an imprint of the Knopf Doubleday Publishing Group, a division of Penguin Random House LLC. All rights reserved. Any third party use of this material, outside of this publication, is prohibited. Interested parties must apply directly to Random House, LLC for permission.

Reprinted by permission of HarperCollins Publishers LTD, © 1995 C.G. Jung.

From *Tao Te Ching,* by Lao Tzu, Translated by Gia-Fu Feng and Jane English, Vintage Books.

From *The Secret of the Golden Flower,* Lü Yen, Translator Richard Wilhelm, Commentary C.G. Jung, Harvest/HBJ Book.

From *The Red Book,* by C.G. Jung. Translated by Mark Kyburz, John Peck, and Sonu Shamdasani. Copyright © 2009 by the Foundation of the Works of C.G. Jung Translation 2009 by Mark Kyburz, John Peck, and Sonu Shamdasani. Used by permission of W.W. Norton & Company, Inc.

From *The Asian Journal of Thomas Merton,* by Thomas Merton, copyright ©1975 by the Trustees of the Merton Legacy Trust. Reprinted by permission of New Directions Publishing Corp.

From *Conjectures of a Guilty Bystander,* by Thomas Merton, Random House. With permission of Penguin Random House.

*Crédits*

From *Dancing in the Water of Life: The Journals of Thomas Merton, Volume Five, 1963-1965* by Thomas Merton and edited by Robert E. Daggy. Copyright © 1997 by The Merton Legacy Trust. Reprinted by permission of HarperCollins Publishers.

From *The Inner Experience, Notes on Contemplation,* by Thomas Merton, edited by William H. Shannon, HarperCollins Publishers.

From *The Intimate Merton, His Life from His Journals,* Thomas Merton, edited by Patrick Hart and Jonathan Montaldo, HarperCollins Publishers.

From *A Vow of Conversation: Journals 1964-1965,* by Thomas Merton, Farrar, Straus and Giroux. Copyright © 1988 by the Merton Legacy Trust. Reprinted by permission of Farrar, Straus and Giroux.

From *Zen and the Birds of Appetite,* by Thomas Merton, copyright ©1968 by the Abbey of Gethsemani, Inc. Reprinted by permission of New Directions Publishing Corp.

From *The Mindful Writer,* by Dinty W. Moore, Wisdom Publications. © Dinty W. Moore, 2012, *The Mindful Writer.* Reprinted by arrangement with Wisdom Publications, Inc.

From *The Koran,* by Abdullah ibn Muhammed, Translated by John Medow Rodwell, Bantam/Dell.

From *Beauty, The Invisible Embrace,* by John O'Donohue, Perennial, HarperCollins Publishers.

From *Istanbul, Memories of a City* by Orhan Pamuk, Faber & Faber. With permission of Faber & Faber.

From *Snow* by Orhan Pamuk, Faber & Faber. With permission of Faber & Faber.

From *Dialogues of Plato,* Jowett translation, edited and with Introductory Notes by Justin D. Kaplan (New York: Washington Square Press/Simon & Schuster, 2001).

From *Sophia, The Hidden Christ of Thomas Merton,* by Christopher Pramuk, Liturgical Press. © 2015 by Order of Saint Benedict. Published by Liturgical Press, Collegeville, Minnesota. Used with permission.

From *Duino Elegies* by Rainer Maria Rilke, Translated by David Oswald, © 1992 by Daimon Verlag, used by permission of Daimon Verlag.

From *Zen Buddhism, Selected Writings of* D.T. Suzuki, edited by William Barrett, Image Books, Doubleday.

From *Zen Mind, Beginner's Mind,* by Shunryu Suzuki, Tanko-Weatherhill, Inc. With permission of Shambhala.

From *Circling to the Center, A Women's Encounter with Silent Prayer,* by Susan Tiberghien, Paulist Press. © Susan Tiberghien, 2000.

From *Footsteps, In Love with a Frenchman,* by Susan Tiberghien, Red Lotus Studio Press, © Susan M. Tiberghien 2004, 2015.

From *Looking for Gold, A Year in Jungian Analysis,* by Susan Tiberghien, Daimon Verlag. © Daimon Verlag, 1995, 1997, 2007, with permission of Daimon Verlag.

From *One Year to a Writing Life,* by Susan Tiberghien, Da Capo Press. © Susan M. Tiberghien, 2007.

From *Side by Side, Writing Your Love Story,* by Susan Tiberghien, Red Lotus Studio Press. © Susan M. Tiberghien, 2015.

From *Waiting for God,* by Simone Weil, Perennial Library, Harper & Row. With permission of Penguin Random House.

From *Finding Beauty in a Broken World,* by Terry Tempest Williams, Pantheon Books. With permission of Penguin Random House. © by Terry Tempest Williams, Pantheon Books. Reprinted by permission of Brandt & Hochman Literary Agents, Inc. All rights reserved.

From *When Women Were Birds, Fifty-four Variations on Voice,* by Terry Tempest Williams, Sarah Crichton Books. Copyright © 2012 by Terry Tempest Williams. Reprinted by permission of Farrar, Straus and Giroux.

From *Bone, Dying into Life,* by Marion Woodman, Viking Compass. With permission of Penguin Random House.

From *The Golden Age of Zen,* by John C.H. Wu, Image Books, Doubleday. With permission of Penguin Random House.

# Index

Abbaye de Gethsémani 31
*Albedo* 133, 145, 146
Alchimie 137, 140, 215, 220
Âme 1, 5, 10, 11, 15, 16, 18–22, 24, 27, 29, 31, 37, 38, 44, 45, 52, 53, 66, 98, 99, 101, 109, 120, 123, 132, 146, 150, 151, 164, 193, 198–201, 208, 214, 220
Angelou, Maya 80
Anima / Animus 22, 135, 193, 201
Arbre 27, 44–47, 50, 68, 92, 99, 115, 118, 168, 198
Archétype 70, 85
Aristophane 75, 190, 191
Aristote 22, 86, 136
Asclépios 64
Atwood, Margaret 133, 149, 150, 156, 219, 223
Augustin (Saint) 112, 219
Baucis 99, 142
Beauté 3, 14, 22, 27, 36, 59, 68, 90, 97, 109–132, 172, 208, 214, 215, 217
Blake 109
Bollingen, La Tour 6, 119, 175, 187, 202, 204
Bosnak, Robert 67, 219
Brodsky, Joseph 133, 152, 153, 156, 219, 223
Bouddha 64, 162, 173, 179, 180, 183–185

Cantique des cantiques 89, 90
Cathédrale/Chapelle/Église 5, 15, 102, 108, 115, 124, 125, 131, 132, 151, 152
Cavalier rouge 16, 99, 102, 164, 197, 217
Coelho, Paulo 133, 151, 152, 219
Confucianisme 160, 168
*Coniunctio* 122, 138, 193, 194, 198, 201, 213, 216, 217
Conscient/Inconscient 17, 21, 40–42, 49, 66, 67, 74, 75, 78, 79, 81, 83, 84, 97, 99, 102, 133, 142, 146, 163, 167, 179, 194, 196, 200, 211
Cora/Perséphone 123, 124, 126
*Coran* 65, 91
Descartes 66, 139
Désert 31, 44, 88, 99, 151, 189, 193
Dieu 9, 12, 19–21, 30, 33, 45, 62–66, 78, 88, 92, 94, 97–100, 102, 109, 112, 113, 117, 123, 124, 126, 129, 130, 146, 156, 191, 192, 194, 198, 208, 212, 213, 217, 222
Dillard, Annie 1, 85, 102–104, 107, 188, 212, 213, 219, 223
*For the Time Being* 212, 219, 223
*Teaching a Stone to Talk* 103, 212, 219

227

Dorn, Gerhard 139
Eckhart (Maître) 23, 24, 142, 180, 186, 213
Edinger, Edward 40, 219
Ego 169
Élie 16, 99–102, 164, 193, 219
Epel, Naomi 78–80, 82, 219, 223
Éros 100, 193, 196
Esprit des profondeurs 18–20, 44, 49, 193, 206
Esprit du temps 193, 206
Estés, Clarissa Pinkola 188, 210, 211, 219
Faust 39, 66, 73
Fleur d'or 42, 133, 136–138, 140, 141, 146, 155–157, 159, 163, 166, 167, 220
Fonction transcendante 47
François d'Assise 65, 113
Freud, Sigmund 11, 13, 16, 18, 65, 66, 97, 98, 193, 219
Gilgamesh 62, 88, 89, 99, 150, 164
Ginkgo 6, 170, 171, 186
Gnosticisme 142, 145
Goldberg, Natalie 160, 181, 182, 219
Hanh, Thich Nhat 160, 178–181, 219
Hart, Patrick 32, 221, 225
Hestia 189
Hildegarde de Bingen 1, 5, 6, 23, 51, 92–94, 113, 219
Hillesum, Etty 1, 28, 29, 34, 134, 149, 220, 223

Hillman, James 24, 73, 220
Hinshaw, Robert 2, 7, 196
Hirshfield, Jane 111, 220, 223
Hollis, James 1, 2, 87, 220
Imagination active 12, 13, 37, 39–43, 45–46, 48, 50, 54, 101, 210
Inanna 109–111
Inconscient 21, 40, 49, 66, 67, 78, 97, 99, 102, 194, 196, 200
Individuation 97, 193
Izdubar 16, 62, 99, 102, 159, 163–166
Jésus 12, 91
Johnson, Robert 67, 220
Julian of Norwich 187, 191, 220, 224
Jung, C. G.
  *Aion* 221
  *Cahiers noirs* 10, 17, 32, 40, 43
  *Dialogues* 47, 102, 196, 210, 225
  *Fenêtre sur l'éternité* 5, 61, 67, 69, 70
  *Lettres* 19, 21, 28, 49, 115, 116, 161, 175, 220, 222
  *Le Livre Rouge* 1, 5, 6, 10, 12–15, 17, 27, 37, 40, 43, 52, 53, 70, 85, 88, 95, 99, 100, 108, 121, 124, 126, 133, 141, 142, 146–148, 150, 159, 163, 187, 193, 202, 221

*Index*

*Ma Vie* 13, 16, 27, 30, 37, 39, 40, 47, 54, 60, 71, 85, 105, 116
*Mon âme vint à moi* 5, 52, 53
*Mysterium Coniunctionis* 40, 200, 219, 221
*Nuit tombe bleue*, la 5, 121, 122
*Pierre philosophale, la* 5, 101, 135, 139, 140, 146, 147, 148, 157
*Psychologie et alchimie* 137, 140, 220
*Systema munditotius* 6, 52, 194–196, 201
Keller 7, 39, 45, 73, 74, 78
King, Stephen 80, 81
Koan 162, 186
Labyrinthe 5, 123–126, 128, 130, 144, 212
Lao Tseu 136, 160, 187, 189, 190, 221
Logos 99, 100, 193, 196
Magie 120, 139, 143, 156
Mahomet 65, 91
Mandala 23, 50–52, 54, 55, 57, 70, 71, 92, 94, 98, 101, 102, 122, 128, 141, 154, 189, 194, 196, 201
Merton, Thomas 1, 2, 6, 8, 16, 31–34, 109, 115–117, 171–174, 178, 180, 185, 187, 188, 205–210, 217, 221, 224, 225
*Conjectures of a Guilty Bystander* 207
*Dancing in the Water of Life* 32, 221, 225
*Hagia Sophia* 208
*Inner Experience, The* 207, 225
*Intimate Merton, The* 206, 221, 225
*Learning to Love* 206
*Nuit privée d'étoiles, La* 31, 221
*Vow of Conversation, A* 33, 221, 225
*Way of Chuang Tzu, The* 171, 221, 225, 228
*Zen and the Birds of Appetite* 172, 221
Métaphore 3, 13, 85–92, 94–97, 99, 101–108, 110, 123, 135, 212
Montaldo, Jonathan 32, 221, 225
Moore, Dinty W. 160, 182, 183, 221, 225
Morgan, Christiana 15, 25, 36, 38, 102, 132
*Mystère de la Fleur d'Or, Le* 42, 133, 136, 140, 141, 157, 159, 163, 166, 167, 220
Mythe 12, 61, 74, 87, 90, 97, 99, 123, 124, 142, 190, 200
Nigredo 133, 145, 149–151, 153, 156, 211
O'Donohue 109, 117, 118, 221, 225
Ombre 44, 84, 99, 145, 149
Ovide 99

Pamuk, Orhan 38, 55–57, 188, 213, 214, 217, 221, 225
*Neige* 34–36, 55–57, 169, 178, 214, 221
*Istanbul* 56, 214, 215, 217, 221, 225
Philémon 16, 99, 102, 142–144, 156, 196, 204
Platon 22, 90, 91, 111, 112, 187, 190, 191
*Phèdre* 22, 109, 111
*La République* 90
*Le Banquet* 111, 112, 191
Polonnaruwa, Sri Lanka 116, 173
Pramuk, Christopher 188, 208
Price, Reynold 80–82
Psyché 10–12, 22, 39, 40, 61, 66, 74, 124, 148, 166, 167, 193
Rêve 14, 20, 26, 28, 39, 41, 52, 61–68, 70–84, 100, 105, 134, 151, 152, 215–217
Rhizome 5, 95–97, 217
Rilke, Rainer Maria 27, 39, 115, 149, 222, 225
*Lettres à un jeune poète* 115, 222
*Duino Elegies* 225
*Rubedo* 133, 145, 146, 148, 152, 153, 211
Salomé 16, 99–102, 164, 193
Sappho 111, 219, 223
Satori 162, 163, 167, 169, 171
Senior (Ibn Umail) 138
Serpent 99, 101, 102, 164, 179, 194
Shakespeare 86, 91
Shamdasani, Sonu 17, 43, 126, 141, 148, 159, 200, 222, 224
Siddhartha Gautama 160, 162
Socrate 22, 90, 109, 111, 190
Sophia 6, 194, 208, 209, 221, 225
Stein, Murray 12
*Minding the Self* 95, 222
*Jung's Map of the Soul* 12
Saint Jean de la Croix 134, 149
Styron, William 79, 83
Suzuki, D.T. 159, 160, 162, 163, 168, 175, 222, 226
Suzuki, Shunryu 177, 178, 193, 222, 226
Synchronicité 26, 141, 167
Synesios 65
Taoïsme 160, 168, 188
Tchouang-tseu 63, 64
Tiberghien, Susan 1, 2, 5, 6, 9, 12, 73, 74, 104, 105, 107, 130 131, 153, 154, 185, 215, 216, 222, 226
Bouton d'or double 5, 155, 156
*Circling to the Center* 153, 216, 222, 226
Empreintes 27, 36
Fissure dans la cruche à eau 5, 106, 107
Fleur de cornouiller 5, 54, 55

Grenouille verte 5, 76
Lierre à feuillage persistant 5, 130–132
*Looking for Gold* 7, 14, 46, 72, 77, 104, 196, 222, 226
*One Year to a Writing Life* 26, 185, 222, 226
Quintefeuille 5, 153–155, 156
*Side by Side* 130, 222, 226
Von Franz, Marie-Louise 135, 136, 138, 222
Weil, Simone 110, 123, 124, 126, 128, 222, 226
Wilhelm, Richard 136, 140, 141, 221, 224

Williams, Terry Tempest 38, 57–60, 110, 127, 128, 222, 226
*When Women Were Birds* 57, 222, 226
*Finding Beauty in a Broken World* 127, 222, 226
Woodman, Marion 110, 128–130, 222, 226
Wu, John C. H. 168–171, 174, 222, 226
Yi King 167
Zen 2, 3, 14, 75, 159–163, 165, 167–169, 171–175, 177–179, 181–183, 185–188, 193, 205, 207, 217, 221, 222, 225, 226
Zosime 138, 139

## L'auteure

Susan Tiberghien, écrivaine américaine vivant à Genève (Suisse), est titulaire d'une licence en littérature et philosophie ; elle a fait des études supérieures à l'Université de Grenoble (France) et au C. G. Jung Institute à Kusnacht (Suisse).

Elle a publié sept livres, dont *Looking for Gold, a Year in Jungian Analysis; Circling to the Center, Invitation to Silent Prayer; Footsteps, In Love with a Frenchman; One Year to a Writing Life*, and *Writing Toward Wholeness, Lessons Inspired by C.G. Jung*, ainsi que de nombreux articles dans des revues et des anthologies des deux côtés de l'Atlantique.

Susan Tiberghien anime depuis plus de vingt ans des ateliers d'écriture d'inspiration jungienne à la C. G. Jung Societies, à *l'International Women's Writing Guild* et à des centres et conférences d'écrivains aux États-Unis et en Europe. Elle est membre active de PEN International et membre fondatrice de la Résidence des écrivains internationaux de Lavigny (Suisse). Elle a dirigé pendant 25 ans le *Geneva Writers' Group*, une association de plus de 240 écrivains de langue anglaise, qu'elle a fondée en 1993.

Mère de six enfants, grand-mère de quinze petits-enfants, elle a un arrière-petit-enfant. Elle vit avec son mari à Genève, en Suisse.

www.susantiberghien.com

Lightning Source UK Ltd.
Milton Keynes UK
UKHW041140310122
397974UK00001B/66